Jean-Claude Guillebaud

Entrer dans la douceur

L'Iconoclaste
26, rue Jacob, 75006 Paris
Tél. : 01 42 17 47 80
iconoclaste@editions-iconoclaste.fr
www.editions-iconoclaste.fr

Jean-Claude
Guillebaud

Entrer dans la douceur

L'Iconoclaste

Avant-propos
Huit semaines hors du temps

« La question n'est plus de savoir
Où va la source
Mais d'où elle jaillit »

Jean Lavoué*

* Jean Lavoué, *Levain de ma joie*, L'Enfance des arbres, 2017.

Je travaillais à ce livre quand un visiteur imprévu nous est arrivé : le coronavirus, petite bête assez puissante pour chambouler le monde et tuer beaucoup de gens. J'ai été moi-même perturbé pendant huit semaines. Je ne ferai pas comme si ces semaines-là n'avaient pas existé. Je ne les oublierai pas.

Le mot « confinement », dans sa laideur policière, n'est pas gai. Je préfère parler de retrait imposé, de mise à distance, de séjour hors du temps. Peut-être, plus près de cet essentiel qui, au jour le jour, constitue notre existence. Ce fut en tout cas une période étrange à plus d'un titre. Et pas seulement parce qu'un virus assassin avait exigé qu'elle nous soit imposée.

Ces huit semaines ont marqué ceux qui les avaient subies, supportées ou aimées. Ceux qui étaient en famille se sont retrouvés, à la fois trop près et trop loin. Entassés les uns contre les autres par l'enfermement mais, dès qu'ils sortaient pour les courses de première nécessité, éloignés les uns des autres par les gestes barrière censés tenir le virus à distance. Pas d'embrassades, pas même de poignées de main. Au total nous étions ensemble mais plus étrangers que jamais.

Il nous arrivait donc d'être habités par un agacement maîtrisé de justesse. Je me rends compte maintenant que j'étais souvent de fort mauvaise humeur, comme on dit dans la vie ordinaire. La pandémie, elle, n'était pas ordinaire. Nous étions « hors du temps », au sens le plus précis du terme. Aucun de nous n'aurait été capable de connaître la date de notre libération. Nous ne pouvions pas compter les jours, comme le font les conscrits en attente de la « quille ».

Nous ne savions pas de quoi demain serait fait. Une tragédie collective ? Une rémission provisoire ? Une délivrance véritable ? Pour l'heure, nous étions sans avenir, soulevés hors du temps, soumis à cette imprévisibilité. Les mots courants perdaient leur sens : avenir, demain, projet, voyage, politique, élections prévues. Les pages du calendrier n'étaient plus attachées ensemble, elles s'éparpillaient partout.

À la radio comme à la télévision, on répétait en boucle cette consigne saugrenue : restez chez vous ! Si vous voulez sauver le pays et vaincre l'ennemi (le virus), ne sortez pas ! Ce n'était plus « aux armes citoyens » mais au fauteuil ou au lit, ardents patriotes ! Je me sentais vaguement coupable, mais sans savoir de quoi. Il nous restait à tromper l'ennui. Dans mon cas, c'était assez facile.

Je ne regardais pas la télévision, ou alors quelques minutes par jour. En revanche, je m'offrais le luxe de revoir certains DVD pour la troisième ou quatrième fois. Nous avons tous nos films cultes. Les miens tournent autour d'une énigme que j'essaie de percer depuis longtemps : celle de la guerre. L'énigme des massacres, des conquêtes ou des débâcles qui ont occupé pendant une trentaine d'années le correspondant de guerre que j'étais.

Ceux de Pierre Schoendoerffer, par exemple : *La 317e Section* (1965) ou le chef-d'œuvre du *Crabe-Tambour* (1977). Ils retracent l'histoire des « soldats perdus » (et trahis) des guerres d'Indochine, d'Algérie ou du putsch des généraux en 1961. Mais j'ai aussi revu la plupart des films sur la guerre du Vietnam que j'avais minutieusement regardés quand j'écrivais *Le Tourment de la guerre**.

L'énigme de la guerre, cette fois, m'avait inexorablement entraîné vers d'autres violences et d'autres époques. Je pense à *Gladiator* de Ridley Scott (2000), sur l'assassinat de l'empereur Marc Aurèle et le règne de son fils Commode, cruel et sanguinaire. Je pense encore à l'effrayant film russe et biélorusse *Battle of Honor* (2010), d'Alexander Kott, qui relate l'attaque de la forteresse de Brest-Litovsk par l'Allemagne nazie en juin 1941. Ainsi, dans notre maison de Charente où nous avions invité nos enfants et petits-enfants à « vivre le confinement », je m'isolais parfois dans une pièce pour réfléchir encore à mon énigme de la guerre. Et cela, sans la moindre addiction pour le spectacle guerrier. Je ne suis pas « fanamili », comme on appelle les fanatiques de la chose militaire.

---

* Jean-Claude Guillebaud, *Le Tourment de la guerre*, L'Iconoclaste, 2016.

Mais la chance de pouvoir vivre ce retrait en pleine campagne m'interdisait de rester claustré dans la maison comme un citadin malchanceux. Avec mon gendre, Pierre-Nicolas, nous nous sommes lancés dans de grands travaux extérieurs. Il s'agissait de retracer, de débroussailler, de rendre accessibles les chemins qui serpentent dans le grand parc de la maison. Ces sentiers, ces chênes et ces allées, j'y courais déjà dans mon enfance. J'en connaissais les tours et détours. Les rouvrir n'était pas une corvée. Tracteur, benne, tronçonneuse, débroussailleuse et Rotofil, nous avons gagné en prime le plaisir de la fatigue musculaire. Et la satisfaction un peu enfantine du devoir accompli. Nous étions à des années-lumière de la pandémie menaçante.

Et puis le reste ne m'intéressait plus beaucoup. Le soir ou au petit matin, j'avais du mal à choisir un livre dans la bibliothèque ou à suivre les débats politiques radiotélévisés. L'ennui me gagnait vite. Quant à écrire… J'avais l'impression d'entendre parler d'une ancienne planète, peut-être d'une planète morte.

J'avais surtout envie de lire, de relire ou de parler à des poètes. Quelques années plus tôt, j'avais noué des liens avec certains d'entre eux, ou avec leurs œuvres. Jean Lavoué, Xavier Grall, Jean Sulivan, René Guy Cadou, Jacques Bertin. Ces retrouvailles à distance, ces échanges de messages *via* Internet avec ceux qui vivent encore m'ont rasséréné. Dans ces dialogues, je retrouvais avec bonheur cette appétence pour la douceur qui nous rassemblait. J'ai eu la chance d'être associé à un hommage rendu à Jean Sulivan, de renouer avec le chanteur et poète Jacques Bertin, ou de correspondre deux ou trois fois avec la veuve de Xavier Grall.

*

* *

Ce que Jean Lavoué m'a aidé à comprendre, c'est de quelle façon tant d'hommes et de femmes, et surtout des poètes, étaient aujourd'hui « en exode ». Chrétiens ou anciens chrétiens, ils ont quitté une spiritualité trop encombrée du rituel religieux, structurée, cadenassée par un cléricalisme raide. Ces hommes et femmes sont désormais « dehors », mais portés par un agnosticisme qui n'a pas vraiment rompu avec la vibration, le poème, le parfum spirituel de l'Évangile.

« J'écris pour me sauver / Pour saluer ce qui reste », écrivait René Guy Cadou. Il fut ainsi un visionnaire ou un sourcier du « prochain christianisme », si tant est qu'il se révèle un jour. Tel est le propos de Jean Lavoué. Il se dit lui-même (encore) chrétien, mais ouvert sur le monde des autres spiritualités, et les quêteurs de sens, tous en exode au sens le plus exact du terme. En exode, cela veut dire aussi en recherche.

Quand on suit à la trace ces poètes, on est frappé par le riche ensemble que l'on voit apparaître. Il va des plus « éloignés » aux plus « proches ». Jean Sulivan (1913-1980), de la même génération que René Guy Cadou, est à classer parmi les proches, puisqu'il fut prêtre jusqu'à la fin. Dans les années 1970, j'avais lu une partie de son œuvre (conséquente) d'écrivain, dont les deux volumes de ses *Matinales*[*], qui restèrent longtemps sur ma table de nuit, à côté du roboratif *Bonheur des rebelles*[**].

J'ai été heureux de pouvoir saluer, avec

* Jean Sulivan, *Matinales*, t. I : *Itinéraire spirituel*, Gallimard, 1976 ; t. II : *La Traversée des illusions*, Gallimard, 1977.
** Jean Sulivan, *Bonheur des rebelles*, Gallimard, 1968.

autant de gratitude que d'émotion, la mémoire de Jean Sulivan. Oserai-je ajouter qu'à titre personnel je dois beaucoup à cette « voix » chrétienne, mêlant révolte et fidélité, foi chrétienne et esprit d'enfance, érudition et ferveur intacte des commencements. Il me suffisait d'ouvrir n'importe quelle page d'un de ses livres pour y retrouver une célébration carillonnante de l'aube, ce prodige que Bernanos appelait « l'espérance violente des matins ».

Bien sûr le fiévreux – et lyrique – Xavier Grall, poète et journaliste breton, disparu en 1981, n'a ni le même style ni le statut de Jean Sulivan (Grall n'était pas prêtre), mais dans mon esprit ils se rejoignent dans leur acception de la *liberté évangélique*. Sulivan (né en 1913) était l'aîné de Xavier Grall de dix-sept années. Mais le temps les rapprocha. Leurs morts furent presque jointes. Grall disparut en 1981, Sulivan un an plus tôt.

Ce dernier n'hésitera pas à écrire : « L'université m'aura plus appris que le séminaire. J'y ai trouvé la liberté spirituelle. » Cet aveu illustre la liberté de Sulivan à l'endroit de l'institution, son « droit de remontrance fraternelle », comme disent les chrétiens, qui ne le conduisit jamais jusqu'à la rupture, même si son projet de « résistance spirituelle » se heurta à quelques difficultés. Adepte des courses en montagne, des voyages aventureux, des rencontres intellectuelles (avec l'hindouisme, par exemple), il se consacrera à la littérature comme auteur mais aussi comme directeur de collection. À le relire aujourd'hui, une évidence s'impose : si Sulivan nous revient, c'est qu'il sut mieux que quiconque conjuguer son appartenance à l'Église et le chagrin que nous inspirent, parfois, ses insuffisances. Je le cite : « Quelqu'un qui dit sa petite vérité me rapproche plus du Christ que les malabars et les techniciens du salut. Il me plaît assez que notre lumière ne soit qu'un lumignon qui nous empêche de nous croire. »

Jean Sulivan définit l'Évangile comme un « livre-parole » et même un « livre insurgé ». Quant à Xavier Grall, j'ai lu plusieurs de ses livres dont l'époustouflant *L'inconnu me dévore**. Je garde encore certaines apostrophes

---

* Xavier Grall, *L'inconnu me dévore*, Éditions des Équateurs, rééd. 2018.

de Grall en mémoire. Comme celle-ci, adressée à ses cinq filles qu'il appelle « mes divines ». « Méfiez-vous de ceux qui montent la garde à la porte des églises. Ils font la quête. Ils pérorent, écrivent des cantiques, sermonnent. Mes filles, méfiez-vous des sacristains. À force de nous sonner les cloches, ils couvrent la forte rumeur des Évangiles. »

On l'aura compris, Grall fut un chrétien, possédé par la joie vivante et l'exaltation véritablement charnelle de la foi. Pour lui, elle est porte ouverte, voilier filant aux îles, voiles gonflées. « Partez au nom de Dieu », écrit-il. Le poète raconte comment, très jeune, il fut catéchisé de la pire façon, disciplinaire, cléricale et culpabilisante. Et pourtant, une espérance têtue, opiniâtre revient sans cesse dans ses récits. Il épie l'aurore. Il se fait « guetteur de matin ». Existe-t-il plus beau projet ? Serait-ce démodé ? Il n'en a cure. « Mes filles, mes Divines, je vous l'avoue, je suis encore en Samarie. Je chemine avec ces hommes légers qui (au temps du Christ) avaient sur les lèvres le goût des vins et des rires. »

Voilà quarante ans que Xavier Grall a quitté sa Bretagne et la vie terrestre. Je ne l'avais jamais rencontré quand il écrivait ses chroniques pour *La Vie* et *Le Monde*. Mais il suffit que je lise deux ou trois vers de lui pour vérifier que sa voix me parle et même me chante. Elle couvrit ainsi les rumeurs catastrophées de la pandémie du printemps 2020.

Quant au chanteur et poète Jacques Bertin, on ne peut parler de retrouvailles. C'est de fidélité réciproque qu'il s'agit. J'écoute ses chansons depuis très longtemps, sans jamais être déçu ni lassé. Il a enregistré de nombreux CD. Je les possédais presque tous. Il m'en manquait un, épuisé, mais qu'il m'a fait parvenir au mois de mai de la pandémie. J'ai passé deux jours à retrouver une à une toutes ses chansons qui datent de ses débuts. J'emportais toujours une ou deux cassettes en reportage. Ainsi m'est-il arrivé d'écouter l'une des plus douces – « Paroisse » – au Vietnam, alors en guerre. Douce chanson, en effet…

> Des femmes sont assises dans l'hiver
> Le long de la radio, sur un dernier travail
> C'est tard la nuit, il est déjà dans les dix heures
> Depuis longtemps dorment dans les chambres glacées

Des enfants protégés du mal par un signe de croix.
Des femmes sont assises dans l'hiver. Il fait grand froid.

*
* *

Nous avons fini par sortir de notre prison sanitaire. Je l'ai fait comme la plupart de mes compatriotes. Comme eux, j'étais habité par le rêve d'un autre monde, d'une autre façon de vivre et d'être ensemble. Plus que jamais je portais en moi ce désir de faire prévaloir la douceur, plutôt que la compétition et, du même coup, je voulais dire sans tricher ma détestation du cynisme. En vérité, il affaiblit les groupes humains alors même que la douceur les fortifie. Les « réalistes » ne s'en rendent pas compte et s'ils l'emportaient, alors ils aideraient le vieux monde à faire retour.

Avec lui, l'« horreur économique » (Rimbaud) imposerait ses priorités. De quoi nous faire frissonner.

1

Quand la compétition devient folie

« Nous sommes de plus en plus seuls, mais ensemble. »

Sherry Turkle*

---

* Anthropologue américaine, autrice de *Seuls ensemble*, L'Échappée, 2015.

Depuis des années, nous avons été gagnés par ce qui finit par ressembler à une pathologie mentale : l'obsession de la rivalité, la frénésie mondiale de « compétitivité ». Cette curieuse injonction qui habite l'air du temps et glorifie les vertus du risque. Aux jeunes adultes qui galèrent pour trouver un emploi, on répète que la précarité et la compétition, c'est la « vraie vie ». Refrain rabâché : l'emploi, c'est précaire, la santé, c'est précaire, l'amour, c'est précaire, la vie d'une entreprise, c'est précaire. La vie est toujours périlleuse. Et c'est bien ainsi. Ce raccourci en arrive à reprocher aux exclus et laissés-pour-compte de ne pas assez « aimer » leur précarité et – parfois – leur solitude. C'est fou !

Certes, on ne peut vivre éternellement dans un cocon ; au lieu de se recroqueviller, il faut savoir retrouver le goût du risque, etc. Cependant, à force de « comprendre » les rudesses de la vie, on en vient à expliquer les difficultés économiques du moment par une paresse généralisée de toute l'Europe, et notamment de nos concitoyens. Flemmards, les Français ! Timorés, les plus jeunes ! Pessimistes, les adultes ! Ce discours est permanent, surtout à droite. Et dans les grands médias. Il prend parfois l'accent de ces grands malins ignares qui répètent qu'eux connaissent les réalités de la vie, mieux que les petits Bisounours humanistes qui se tromperaient sur tout. Oui, la vie est d'abord faite de combats, de compétitions sans merci, de challenges ajoutent ceux qui prononcent à l'anglaise ce mot très français.

Leur sottise est péremptoire, fière d'elle-même, campée sur ses jambes. Il est vrai qu'elle vient de loin et se fonde sur un lointain contresens historique. On ne devrait jamais oublier cela. Oui, bien sûr, le sort des humains devant le monde est toujours difficile, dangereux et borné par la finitude. À tout moment, l'imprévu nous menace. Une part de notre destin nous échappe. Maladie, crise économique, guerres, épidémies, violences, accidents de la route : notre rapport à la vie n'est jamais un long fleuve tranquille. Même les milliardaires et les puissants sont quelquefois terrorisés par une toute petite fièvre. L'hypocondrie menace toutes les classes sociales.

Sauf que le sens même de l'aventure humaine, disons le projet civilisateur, consiste à réduire autant que faire se peut cette précarité. Le désordre du monde et la guerre de tous contre tous, les tueries et les drames ne sont pas des fatalités, encore moins des « projets ». On peut toujours multiplier les discours et les livres sur le tragique de l'Histoire, cela ne change rien à la réalité. Une civilisation digne de ce nom consiste à substituer à cette tragédie originelle un minimum d'assise et de permanence *afin de permettre aux humains de se construire.* Apollon, dieu des arts, du chant, de la musique, de la poésie et de la lumière, plutôt que Dionysos, dieu de la vigne et du vin mais aussi de la fureur et de la subversion.

Bonheur et civilisation

Encore étudiant, j'avais été marqué par un livre du sociologue Jean Cazeneuve, *Bonheur* *et Civilisation**, dans lequel il opposait deux grandes tendances : l'une, dionysiaque, fondée sur les risques, le voyage et le combat ; l'autre, apollinienne, fidèle à la *paideia* grecque, c'est-à-dire sérénité, douceur et continuité. La première, ajoutait Cazeneuve, est d'essence masculine ; la seconde, féminine. Cet antagonisme se retrouve intégralement dans la modernité. Mais sous d'autres appellations.

La paix contre la violence vengeresse ; l'altruisme agissant plutôt que le chacun pour soi ; la justice sociale préférée à la loi du plus fort, etc. Disons que l'adoucissement « civilisé » de la vie est constitutif du processus d'hominisation. Faire ingénument l'éloge de la dureté/précarité, c'est raisonner à l'envers. Hélas, voilà très longtemps que nous, Occidentaux, raisonnons à l'envers. Nous n'avons pas seulement oublié la douceur, nous l'avons congédiée. Ce choix barbare est un héritage dont on a oublié l'origine. Il nous vient pour l'essentiel des « darwiniens sociaux » de la fin du XIXe siècle. Ces gens-là avaient sciemment

* Jean Cazeneuve, *Bonheur et civilisation*, Gallimard, 1966.

falsifié l'apport théorique de Charles Darwin, c'est-à-dire la théorie de l'évolution.

Idéologues conservateurs (le sociologue anglais Herbert Spencer, par exemple), ils avaient cru pouvoir déduire du « principe de survie du plus apte » qu'il était normal que les forts triomphent des faibles et que les riches écrasent les pauvres. Ce prétendu apport de Darwin était inespéré. Il permettait d'accepter et de légitimer, jusque dans sa pire brutalité, le capitalisme naissant et les débuts cruels de la révolution industrielle. Cette idée était fautive d'un point de vue darwinien. Pour Darwin, la théorie bien comprise de l'évolution, dans sa dernière étape, faisait naître au contraire chez les humains une empathie nouvelle. Elle leur permettait de récuser les impitoyables logiques de l'évolution. Ils devenaient capables, par choix, *d'aider les plus faibles à survivre, et même à vivre.*

On faisait dire à Darwin le contraire de ce qu'il écrivait. Pendant plus d'un siècle et demi, ce détournement a triomphé. Des centaines d'intellectuels ou d'écrivains politiques ont enfourché ce mauvais cheval les yeux fermés. Avec quelques poncifs inexacts (« l'homme descend du singe »), des réécritures opportunistes (« Darwin glorifie la loi du plus fort ») ou des jugements hâtifs comme celui de Karl Marx (« Darwin projette le capitalisme sur la nature »). J'emprunte ces exemples au chercheur Patrick Tort, aujourd'hui directeur de l'institut Charles-Darwin International. Il a joué pour moi le rôle d'un contrepoison en m'invitant à résister à ces mensonges devenus pensée dominante. Mais il faut citer Tort dans le texte.

En travaillant au *Principe d'humanité**, j'avais lu avec attention deux de ses ouvrages**. J'y trouvai quantité de critiques sévères des « darwiniens sociaux ». Par exemple celle-ci : « Leur préinterprétation systématiquement simpliste de la démarche et des conclusions anthropologiques de Darwin [...] est fausse, et cette "méprise" obstinément entretenue a été l'une des ressources permanentes des idéologies les plus destructrices qu'ait connues le XXe siècle, et dont Darwin est [très] éloigné. »

Ou celle-là : « En suivant le texte darwinien, [on constate] que l'avantage sélectif qui a décidé

---

* Jean-Claude Guillebaud, *Le Principe d'humanité*, Le Seuil, 2001.

** Patrick Tort : *Darwin n'est pas celui qu'on croit*, Le Cavalier bleu, 2010, et *L'Effet Darwin. Sélection naturelle et naissance de la civilisation*, Le Seuil, 2008.

en dernier ressort de la suprématie de l'espèce humaine réside dans le mode de vie communautaire, dans l'intelligence qui le permet et qu'il favorise en retour, et dans les conduites et sentiments (aide mutuelle, sympathie) avec lesquels il se construit. »

L'œuvre de Patrick Tort mérite d'être découverte et assimilée. On y trouve exprimées sur tous les tons d'innombrables « rectifications » concernant Darwin. À la même époque, vers l'année 2000, un autre auteur, André Pichot, chercheur au CNRS en épistémologie et histoire des sciences, s'était indigné lui aussi de l'interprétation mensongère des thèses de Darwin. Son livre, *La Société pure. De Darwin à Hitler**, considère avec sévérité cette monumentale tricherie. Il explique le succès culturel de ce mensonge par les circonstances de l'époque. L'Europe du XIXe siècle, en pleine révolution industrielle, voyait se multiplier les déracinés urbains, les indigents et les pauvres. L'esprit bourgeois était apeuré par les nouvelles « classes dangereuses »

---

* André Pichot, *La Société pure. De Darwin à Hitler*, Flammarion, 2000.

et paniqué par le fantasme de la dégénérescence. De ce point de vue, le darwinisme falsifié devenait une arme.

À partir de 1859, écrit-il, ce darwinisme contrefait fournira l'explication dont avait besoin l'idéologie biologico-médicale des darwiniens sociaux : la multiplication des maladies, des troubles comportementaux et psychiques, tout cela serait dû non pas aux conditions sociales, mais à une dégénérescence biologique causée par la suppression de la sélection naturelle dans les sociétés humaines (*sic*). Nos sociétés, en somme, alourdies, ruinées par le poids des « faibles », pouvaient compter sur Darwin pour se régénérer, et sans états d'âme.

Soyez égoïste !

Les travaux de ces deux auteurs auraient dû suffire à tuer dans l'œuf le dévoiement aussi phénoménal d'une pensée. Cela n'a pas été le cas. On trouve aujourd'hui encore des écrivains sérieux et des politiciens intraitables qui partagent et colportent cette absurde interprétation. La compétition obligée et la compétitivité obsessionnelle ont pu devenir une véritable folie, tout en se parant des vertus du réalisme.

On se demande comment pareil truquage d'une pensée a pu perdurer. Souvenons-nous que ce n'est pas la première fois que cela se passe. D'autres grands auteurs ont été délibérément mésinterprétés. C'est le cas d'Adam Smith (1723-1790), à qui l'on devrait la fameuse métaphore de la « main invisible » du marché. En réalité, il s'inspirait lui-même d'un texte beaucoup plus ancien de l'écrivain néerlandais Bernard Mandeville (1670-1733), qui avait théorisé avec succès l'égoïsme productif des abeilles. Recommandation de Mandeville : « Soyez aussi avide, égoïste, dépensier pour votre propre plaisir que vous pourrez l'être, car ainsi vous agiriez pour la prospérité de votre nation et le bonheur de vos concitoyens. » En cherchant votre propre intérêt (devenir riche), vous contribuez à l'enrichissement de tous.

C'est ce qu'on a tenté de prouver dans les années 1980 et 1990 avec la théorie contestable du « ruissellement » (*trickle-down theory*). Si les riches s'enrichissent, assurait-on, les pauvres en bénéficieront car cet enrichissement « ruissellera » jusqu'à eux. Des auteurs favorables au néolibéralisme et hyper-médiatisés (façon Alain Minc) soutiendront cette fausse promesse, en prenant à tort comme référence la pensée du philosophe américain John Rawls, aujourd'hui contestée.

On a imputé à Adam Smith le mérite d'avoir fondé le libéralisme économique, gouverné – pacifiquement – par la « main invisible du marché ». D'où la fortune depuis le XVIIIe siècle d'un concept passe-partout, celui de l'*Homo oeconomicus*, c'est-à-dire l'homme obéissant à une rationalité parfaite, mise au service de ses propres intérêts. Ajoutons tout ce qui découle de cette orientation : l'égoïsme bien compris, l'appât du gain, la brutalité des rapports sociaux, le postulat douteux des « anticipations rationnelles ».

Raisonnant ainsi, on « oublia » qu'Adam Smith était aussi l'auteur d'un maître livre, *Théorie des sentiments moraux*, publié en 1759, dix-sept ans avant l'essai *Recherches sur la nature et les causes de la richesse des nations*. Dans ce premier texte, il estimait que l'homme est toujours capable de prendre de la distance avec ses passions et ses intérêts. Cela corrigeait par avance le credo de la « main invisible » et l'abstraction discutable de l'*Homo œconomicus*.

Hélas, comme pour Darwin, c'est en « oubliant » ce premier livre que les libéraux et néolibéraux s'en remirent (et s'en remettent encore aujourd'hui) à Adam Smith pour étayer leur point de vue. À cette méprise s'est ajoutée une attention principalement portée au quantitatif qui a fini par devenir une manie calculatrice. Le discours politico-médiatique dominant est aujourd'hui colonisé par les chiffres. On n'éprouve plus la valeur d'une société humaine ou d'une situation, on la mesure. On l'étalonne. L'arithmétique règne sur la vie sociale et politique. Taux de chômage, valeurs boursières, résultats d'exploitation, sondages, courbes de vente, taux d'intérêt, points d'audimat ou quantité d'exemplaires vendus : notre sociabilité se résume à des nombres alignés. On nous invite à attendre notre bonheur – pour ne pas dire notre salut – de ces chiffres secs. Nous voilà englués dans le quantitatif, comme des oiseaux de mer dans le mazout.

On ne pense plus, on compte

Aucune société avant la nôtre n'aura été envoûtée par une telle approche chiffrée de la vie.

La médiocrité du débat politique en témoigne. À deux points de croissance, le bonheur serait en vue, mais au-dessous de 1,5, un grand malheur nous attendrait. Nous sentons que c'est idiot. Nul projet humain ne peut se fonder sur les chiffres. Ces derniers sont un mode d'accès au réel, mais horriblement simplificateur. À ces faiblesses du langage politique, il faut ajouter celles des statistiques elles-mêmes. Elles sont arraisonnées et instrumentalisées par la société marchande. Dans n'importe quel débat vient un moment où l'on se réfère, avec la solennité qui convient, au produit intérieur brut (PIB). Ce dernier est alors convoqué à la barre comme une référence.

Et pourtant, nombre de chercheurs ont montré qu'on pouvait faire dire aux chiffres ce qu'on voulait. Le plus convaincant est sans doute le juriste Alain Supiot, spécialiste du droit du travail et titulaire émérite de la chaire de droit social au Collège de France. Il a décrit – et combattu – cette méthode de domination qu'il appelle la « gouvernance par les nombres ». À ses yeux nous devrions réfléchir au tour calamiteux qu'a déjà pris le débat démocratique. Pas question bien sûr de sous-estimer l'importance des taux de croissance ou l'étiage (mesurable) du chômage. Mais qui peut croire une seconde que la politique puisse se ramener à cela ?

Un vrai projet politique ne peut négliger les chiffres, mais il est d'abord une vision, un dessein. Faute de cela, la raison calculatrice livrée à elle-même ouvre un chemin dont on connaît l'aboutissement : une défaite de la pensée. On mesurera l'état d'une société aux résultats chiffrés de la police. On évaluera le moral des Français à l'intensité de leur envie d'acheter. On demandera du rentable et du rapide.

L'épidémie meurtrière surgie en 2020 a donné à Alain Supiot l'occasion d'expliquer ce que, pour lui, elle révélait quant à l'état de nos sociétés développées. Face au coronavirus, l'idée que le monde pourrait être géré comme une entreprise s'est cognée brutalement à la *réalité des risques incalculables*. La pandémie en apportait un bel exemple. C'est l'État qui, en principe, devait être garant et gestionnaire de cette part d'incalculable, qu'il s'agisse de l'identité et de la sécurité des personnes, de la succession des générations ou de la préservation de la paix civile et des milieux vitaux. Le renversement irréfléchi de cet ordre juridique est le plus pernicieux apport de la pensée néolibérale et de la mondialisation qu'elle approuve sans réserve. La Covid-19 est venue nous le rappeler.

La foule immense des perdants

« Les propagandes visant à faire passer le cours pris par la globalisation économique pour un fait de nature, s'imposant sans discussion possible à l'humanité entière, semblent avoir recouvert jusqu'au souvenir des leçons sociales qui avaient été tirées de l'expérience des deux guerres mondiales. La foi dans l'infaillibilité des marchés financiers a remplacé la volonté de faire régner un peu de justice dans la production et la répartition des richesses à l'échelle du monde, condamnant à la migration, l'exclusion ou la violence, la foule immense des perdants du nouvel ordre économique mondial. La faillite actuelle de ce système invite à remettre au jour, sous les décombres de l'économie ultralibérale,

l'œuvre normative de la fin de la guerre que cette idéologie s'est employée à faire disparaître. »

*Alain Supiot**

Un autre économiste respecté, Jean-Paul Fitoussi, ancien président de l'Office français des conjonctures économiques (OFCE), dans son dernier livre, fait le procès de la « novlangue » contemporaine, expression qu'il emprunte à l'écrivain britannique George Orwell. À ses yeux, la toute-puissance de ce langage manipulateur permet d'expliquer comment on s'y est pris, dans un régime démocratique, pour vider de sa substance le débat… démocratique. Pourquoi, demande-t-il, réserve-t-on l'expression « réforme structurelle » à tout ce qui rend presque impossible pour les gens de bénéficier d'une vie digne ? C'est d'un truquage du langage qu'il s'agit. Il se laisse parfois entrevoir dans d'infimes détails qu'en général nous ne remarquons pas. Un exemple : la métamorphose de certaines appellations courantes. Quand les anciens « directeurs du

---

* Alain Supiot, *L'Esprit de Philadelphie. La justice sociale face au marché total*, © Le Seuil, coll. « Débats », 2010.

personnel » deviennent « directeurs des ressources humaines ». La transmutation du langage n'est pas anodine. Si les personnes sont appelées « ressources » (comme le charbon ou le pétrole), alors le travail devient plus que jamais « marchandise ». Les salariés aussi* !

Après ces différents truquages et méprises, une conviction habite chacun de nous : les choses ne peuvent pas continuer comme cela. Il faut « décontaminer » les décideurs de tout acabit, et réfléchir autrement. Je ne prendrai qu'un exemple. Les deux fonctions sociales les plus importantes sont celle qui protège la santé de tous et celle qui assure à tous une éducation véritable. Or les deux professions concernées – les enseignants et les soignants – sont les plus chichement payées, et souvent même dénigrées. Elles ne sont pas honorées ni reconnues comme elles devraient l'être.

À ce stade, on n'est plus confronté à une question politique mais à une affaire de « décence ordinaire » (*common decency*), comme le suggérait George Orwell.

---

* Jean-Paul Fitoussi, *Comme on nous parle. L'emprise de la novlangue sur nos sociétés*, Les Liens qui libèrent, 2020.

Une dévotion infantile

Au total, trop de courses effrénées dans le brouillard du « changement ». Trop de hâte, trop de courte vue, trop d'étourderie collective. La vie des sociétés humaines ne peut se ramener à cette folie. Elle nous conduit en effet au néant. C'est d'abord cet aveuglement qu'il faut soigner. Mieux vaut jeter à terre le poids de ce grave mensonge. Un changement de cap est d'autant plus nécessaire que le mensonge, comme un virus, contamine peu à peu tous les secteurs de la vie sociale.

J'ai beaucoup aimé l'expression d'un chercheur en sciences cognitives, Alessandro Pignocchi, devenu auteur de bandes dessinées. Pour lui, ces idées fausses sont « des mythes cousus dans l'existence même des classes dirigeantes*. » Leurs intérêts de groupe, ajoute-t-il, sont si étroitement liés à ce fonctionnement que certains de ces dirigeants (peu nombreux, heureusement) préféreront toujours aller vers un monde saccagé plutôt que de lâcher quoi que ce soit de

---

* Alessandro Pignocchi, *Petit traité d'écologie sauvage*, Steinkis, 2017.

leurs privilèges. On a connu cela dans l'Histoire. Et presque toujours cela s'est mal terminé.

Essayons de réfléchir deux minutes à ce que pourrait être un monde réellement saccagé. L'obsession du « combien », l'utilitarisme à courte vue, la politique à la petite semaine ne concernent plus seulement l'économie. Ils gangrènent déjà presque toutes les activités humaines, y compris l'amour. Et disant cela, je ne pense pas à la prostitution ni au proxénétisme, vieux fléaux, mais à des choses « dans le vent ».

C'est ce que montre – entre autres – la sociologue et universitaire israélienne Eva Illouz, directrice d'études à l'École des hautes études en sciences sociales. « En amour, nous sommes devenus des machines évaluatives* », écrit-elle dans son dernier livre. Elle veut dire qu'il existe un décalage entre la représentation romantique de l'amour et les pratiques amoureuses dans lesquelles se révèle une certaine décomposition de l'amour en tant qu'émotion. « La rupture des liens intimes est aujourd'hui productive, c'est-à-dire liée à l'usage des réseaux

---

* Eva Illouz, *La Fin de l'amour. Enquête sur un désarroi contemporain*, Le Seuil, 2020.

sociaux, de la technologie et de la consommation. Le concept de "non-amour" qualifie le mieux l'état des rapports intimes aujourd'hui. »

C'est tout de même sur le terrain économique et social que le saccage est le plus spectaculaire. Chaque semaine nous apporte son lot de concentrations, fusions, rachats, raids boursiers et *tutti quanti*. Oh, ces agglomérations de puissance sont peut-être nécessaires dans un monde de concurrence où le trop petit est croqué tôt ou tard ! C'est ce qu'on nous répète en nous présentant ces injustices comme une fatalité de l'économie moderne, et même un signe de vitalité. Il est clair que quelque chose de spécifique nous révolte : l'enthousiasme épaté avec lequel les grands médias chantent l'épopée des nouveaux condottieres de la finance et de l'économie.

Une étrange fascination est à l'œuvre, jusqu'au sommet de l'État. Qu'il s'agisse de Vincent Bolloré, François Pinault, Marc Ladreit de Lacharrière, Françoise Bettencourt-Meyers, Emmanuel Besnier, et quelques autres, on a pris l'habitude d'évoquer leur activisme et leur fortune avec la même révérence éblouie que mettaient jadis les manants à parler de Versailles ou – surtout – de Vaux-le-Vicomte, construit par Fouquet, pour « offusquer » le Roi-Soleil. Je reprends une expression lue quelque part : « Il y a encore pire que de voir s'accroître encore le niveau de vie des riches, c'est de les envier. »

J'ajoute que cette dévotion n'est pas très nouvelle. En février 1998, la revue américaine *Dissent* accusait les magazines *Forbes*, *Business Week* ou *Fortune* d'entretenir une vision angélique du capitalisme en présentant les puissants et les très riches comme des personnages de contes de fées ou en vantant l'héroïsme de Tartempion qui essaie simplement de gagner un ou deux millions de dollars. Les mêmes remarques pourraient assurément être étendues à une bonne part de la presse européenne.

Nous « gobons » toujours ces fantastiques accumulations de puissance et d'argent comme des enfants bluffés ou des midinettes pâmées. À ceux qui trouveraient que j'exagère, je suggère de lire quelques-uns des magazines économiques les plus en vue en 2021. Ils verront sur quel ton, avec quelle dévotion, est raconté, au jour le jour, ce qu'on est en droit d'appeler le bal des gloutons.

Tous ces gens sont les nouveaux héros de la modernité ; ceux dont l'exemple est proposé à l'admiration des foules et des enfants ; ceux dont la réussite est chantée par les troubadours médiatiques comme l'étaient jadis les faits d'armes des chevaliers. On nous convie à nous passionner pour leurs destins au même titre que pour les chanteurs du show-biz, les champions du foot, les stars de la télé ou les grands écrivains.

Nos sociétés embourbées

Cette vénération est choquante mais logique. Quand la course au profit est érigée en vertu, il est naturel que soient vantés et admirés ceux qui courent et amassent plus vite que les autres. Or cette hégémonie du quantitatif est une marque d'insignifiance, comme l'écrivait le sociologue et philosophe Cornelius Castoriadis. Pourquoi donc ? Parce que derrière cette pâmoison se dissimule une manipulation des esprits qui, jour après jour, désamorce notre sens critique et, au bout du compte, notre statut de citoyen. Et cela survient alors que nos sociétés sont embourbées dans des niveaux ahurissants d'inégalités économiques et sociales.

Ce n'est un secret pour personne. Quelques-unes des fortunes évoquées plus haut ont profité, certes, du talent de leurs possesseurs mais aussi – même si c'est en toute légalité – de quelques micmacs bancaires. On pense aux dépouilles du Crédit lyonnais, après l'immense scandale des années 1990. Ces dépouilles, opportunément rachetées et revendues, avaient généré des plus-values considérables. Même si l'événement est loin de nous, souvenons-nous que la ténébreuse déroute de cette banque nationalisée (cent cinquante milliards de francs) avait permis de convertir de l'argent public – le vôtre, le mien, le nôtre – en bénéfice privé. Une partie de cette somme s'était ainsi retrouvée dans les poches des « hommes d'affaires », comme on dit pudiquement.

Et ce n'est qu'un exemple parmi des centaines. Nous devrions préférer une société dans laquelle les valeurs économiques ont cessé d'être centrales (ou uniques) ; où l'économie est remise à sa place comme simple moyen de la vie humaine et non comme fin ultime ; une société qui ne pousse pas les classes moyennes vers une consommation obsessionnelle, une indécente « grande bouffe ».

Sous l'Ancien Régime, les manants en venaient à admirer pareillement les gabegies princières qu'ils payaient pourtant de leur sueur et parfois de leur sang. Ne rêvons pas de reprendre la Bastille ou de faire la Révolution. Mais essayons de dire, d'écrire, de hurler ce que nous pensons de cette violence à l'égard des plus pauvres.

Je n'ai pas oublié la minuscule anecdote concernant le publicitaire Jacques Séguéla, hier encore encensé par les médias. En 2009, au cours de l'émission « Les 4 Vérités » sur France 2, il avait lâché tout à trac : « Si à cinquante ans on n'a pas une Rolex, on a quand même raté sa vie. » Il avait dû s'excuser le soir même sur Canal+. « C'est la plus grande connerie de ma vie », dira-t-il. Sans doute, mais une « connerie » éloquente, les enfants et les sots, comme on le sait, mangent souvent le morceau en parlant cash, sans même s'en rendre compte.

Une course folle à l'inégalité ?

Cette course vers plus d'inégalité n'a pas commencé hier. Beaucoup de mes compatriotes le savent, et s'en indignent à juste titre. Pour ce qui me concerne, elle me trouble surtout depuis 1999. C'est l'année durant laquelle, en menant des recherches approfondies pour écrire *La Refondation du monde**, j'avais découvert des statistiques américaines stupéfiantes, et qui n'étaient pas encore relayées chez nous en Europe. J'avais titré le chapitre 4 de ce livre « Le projet inégalitaire ». Quelques-uns de mes proches à qui je parlais de ce chapitre (qu'ils n'avaient pas encore lu) m'avaient mis en garde : « Attention à ne pas tomber dans la théorie du complot ! » Après lecture, je crois qu'ils avaient mieux saisi mon intention et ma démarche.

C'était très simple, j'avais appris de quelques économistes américains ce qu'on n'osait pas encore annoncer à haute voix sur le Vieux Continent. Je pense au politologue Benjamin Barber (disparu en 2017), au philosophe Michael Walzer, mais surtout à l'économiste Lester Thurow, ardent défenseur d'une « société plus équitable » (disparu en 2016). Son livre sur le sujet venait d'être traduit en français, mais n'avait pas rencontré le succès qu'il méritait.

Pour évoquer ce retour inattendu de la logique inégalitaire dans les pays du Nord,

---

* Jean-Claude Guillebaud, *La Refondation du monde*, Le Seuil, 1999.

il employait des métaphores suggestives. « Soudain, en 1968, écrivait-il, comme un glacier immobile s'ébranle d'un coup, les inégalités ont recommencé à croître aux États-Unis. Le mouvement n'a fait que s'accélérer et s'étendre au cours des deux décennies suivantes. Au début des années 1990, les écarts se creusaient rapidement sous tous les aspects, que ce soit entre les secteurs, les professions, ou selon les niveaux d'éducation, la démographie (âge, sexe, race) ou le lieu d'habitation. En vingt ans, dans le groupe le plus affecté, celui des hommes, les inégalités de salaire ont plus que doublé. Ce qui se passa là aux États-Unis est sans précédent*. »

Plus grave encore, ces mêmes années (entre 1973 et 1995), le salaire horaire des plus modestes avait baissé de 14 %, alors même que le PIB américain avait augmenté. « Si rien ne vient corriger la tendance aux États-Unis, ajoutait Thurow, au début du siècle prochain le salaire réel des non-cadres sera revenu à ce qu'il était cinquante

* Lester Thurow, *Les Fractures du capitalisme*, Village mondial, 1997 (titre original : *The Future of Capitalism*, William Morrow and Co, 1996).

années auparavant, alors même que le PIB aura plus que doublé... »

Ces conjectures avaient ébranlé le non-économiste que j'étais, et que je suis toujours. Cette régression, déjà en 1999, n'était plus l'apanage de la société américaine. Le phénomène gagnait l'ensemble du monde développé. La Grande-Bretagne vivait elle aussi un appauvrissement notable des plus pauvres. Un rapport gouvernemental publié à Londres en mars 1999 avait établi qu'entre 1977 et 1996 les inégalités s'étaient accrues d'un tiers.

Ceux qui deviennent riches

« Dans une communauté régie seulement par la loi de l'offre et de la demande, protégée cependant de toute violence ouverte, les gens qui deviennent riches sont d'une manière générale besogneux, résolus, fiers, avides, rapides, méthodiques, sensés, sans imagination, insensibles et ignorants. Et ceux qui restent pauvres sont les idiots parfaits, les grands sages, les oisifs, les insouciants, les humbles, les méditatifs, les lents,

les imaginatifs, les sensibles, les bien informés, les imprévoyants, les méchants et les impulsifs, les voleurs maladroits et les voleurs avérés, sans oublier les personnes justes, charitables et pieuses. »

John Ruskin *

Ces rappels concernant l'amorce du « projet inégalitaire » nous laissent sans voix si nous nous référons à la situation économique et sociale qui prévaut dans le monde vingt années plus tard. L'inégalité est devenue un puissant « projet planétaire » qui balaie tout sur son passage. Elle s'apparente à une violence silencieuse, c'est-à-dire le contraire exact de la douceur. On peut se demander comment ce consentement à l'inégalité a pu s'imposer. Comme éditeur et comme journaliste, voilà plus de vingt ans que je m'interroge sur cette question. Elle rebondit de débat en débat, de polémique en polémique, le plus souvent de mauvaise foi en mauvaise foi.

---

* Cité par Benjamin R. Barber, *Démocratie forte*, © Desclée de Brouwer, 1997.

Les différents points de vue sont toujours les mêmes, alignés comme à la parade.

Il y a d'abord ceux qui sont dans le déni pur et simple. On trouve toujours un interlocuteur qui vous « démontre » que l'inégalité n'a pas progressé chez nous. On vous assure aussi que « les choses sont plus compliquées », manière commode de botter en touche. Ou alors on met en avant les inégalités de « revenus », en oubliant les inégalités de « patrimoine ». Bref, on réussit à noyer le poisson. Il faut que, de temps en temps, une voix indépendante – et compétente – remette la vérité à sa place. Disons Joseph E. Stiglitz, Gaël Giraud, Bernard Maris (assassiné avec ceux de *Charlie Hebdo*), Emmanuel Todd, Thomas Piketty et quelques autres. Malgré leurs compétences, ils trouvent toujours des contradicteurs qui leur reprochent leurs arguments jugés « idéologiques ». Le silence médiatique revient vite. Et l'inégalité gagne encore des points.

Les journalistes moutonniers rétorquent en lançant un nouveau « débat » qui, le plus souvent, sert de leurre. Par exemple, l'opposition prétendument « constructive » entre égalité et équité. Ceux qui tenaient au principe d'égalité (des chances) étaient présentés comme des gens du passé plutôt vieillots. Ceux qui préféraient le concept d'équité étaient de valeureux précurseurs tournés vers le futur.

Ce charivari fait songer à la brutalité avec laquelle on a démenti ceux de mes compatriotes qui trouvaient que les prix avaient augmenté depuis l'instauration de l'euro. On a jugé qu'ils étaient des « populistes » infréquentables, mais le temps a fini par montrer que, sur bien des points, ils avaient raison.

2

Le cynisme en route vers le néant

« Ils croient à tout, pour la même raison qu'ils ne croient à rien. »

Georges Bernanos*

* Georges Bernanos, *Français, si vous saviez*, Gallimard, coll. « Folio essais », 2017.

Voyons ce qui se passe ces temps-ci à travers le monde ! De la brutalité inculte de l'Américain Donald Trump, qui préside la plus grande puissance du monde, à la presque folie de son « frère jumeau », le Brésilien Jair Bolsonaro ; de l'effarante mégalomanie du président turc Recep Tayyip Erdoğan à la tyrannie sanguinaire du Syrien Bachar al-Assad ; du nouvel « empereur » de Russie Vladimir Poutine au président chinois conquérant Xi Jinping ; des généraux algériens, barricadés au pouvoir depuis des dizaines d'années, au grotesque président des Philippines Rodrigo Duterte qui, pendant sa campagne électorale en 2016, avait déclaré : « Oubliez les droits de l'homme, si je deviens président, ça va saigner ! » La situation n'est pas meilleure en Inde, cette immense fédération qu'on qualifiait jadis de plus grande démocratie du monde. Depuis l'arrivée au pouvoir de Narendra Modi en 2014, rien ne va plus dans ce pays où l'hindouisme radical l'emporte, tandis que les musulmans sont pourchassés et assassinés. Cette liste est loin d'être exhaustive. Arrêtons là !

Tout nous indique que l'indifférence aux droits humains les plus essentiels gagne du terrain sur la planète. De ce point de vue, le cynisme tend à devenir universel. Bien sûr, il y eut d'autres périodes dans l'Histoire où des tyrans et des assassins étaient au pouvoir. Cette fois cependant, il s'agit de pays importants et puissants, dont certains se rattachent à ce qu'on appelait « le monde occidental ». C'est le moment, hélas, d'utiliser la fameuse expression empruntée à Shakespeare, « *The time is out of joint* » (*Hamlet*, acte I, scène v), qui signifie « Le temps est hors de ses gonds ». C'est-à-dire que tout va plutôt mal. Le monde nous paraît disloqué, désorganisé.

Plusieurs écrivains ont traduit à leur façon cette expression anglaise passée dans le langage courant. C'est au poète Yves Bonnefoy que nous devons la traduction employée ci-dessus. Curzio

Malaparte écrivait quant à lui : « Le temps est détraqué. » Pour André Gide, « Le monde est à l'envers » ou « Cette époque est déshonorée ». Notons que dans la pièce de Shakespeare, Hamlet ajoute cette plainte : « Ô sort maudit que ce soit moi qui aie à le rétablir ! »

La même plainte vaut pour nous. C'est aujourd'hui à chacun qu'échoit cette tâche nécessaire et infernale : combattre le cynisme et remettre le monde « dans ses gonds ». J'ai trouvé dans un livre de Hannah Arendt une réflexion rassurante sur ce dilemme. « Au fond, écrit-elle, on n'éduque jamais que pour un monde déjà hors de ses gonds, ou sur le point d'en sortir. C'est le propre de la condition humaine que le monde soit créé par des mortels afin de leur servir de demeure pour un temps limité. [...] Pour préserver le monde de la mortalité de ses créatures et de ses habitants, il faut constamment le remettre en place*. »

Où trouverait-on plus juste définition de l'espérance agissante et de la démocratie ?

---

* Hannah Arendt, « La crise de l'éducation », *La Crise de la culture*, Gallimard, coll. « Folio essais », 1989.

Ce projet à la fois fragile et irremplaçable. Vers la fin des années 1990, j'avais noté une brève description du cynisme contemporain proposée par l'économiste Michel Beaud. Je rends hommage à sa clairvoyance. « Sans projet, sans culture, sans valeur et sans goût, écrivait-il, les nouveaux riches de la planète prônent le culte de ce qu'ils vendent : le n'importe quoi, l'éphémère, le factice et maintenant le virtuel. Ils entraînent dans une course effrénée [...] les intellectuels médiatiques *paniqués à l'idée de ne pas être dans le vent**. »

Ces lignes sont justes mais un peu datées. Le cynisme fait aujourd'hui tellement partie du paysage qu'il n'est pas confortable de s'y attaquer. On trouve même des auteurs (rares, il est vrai) qui font l'éloge de cette « pensée tolérante ». Je pense à une remarque glaçante attribuée à l'écrivain et journaliste Jean-François Revel (disparu en 2006) : « Le cynisme est plus tolérant que le fanatisme et l'intérêt plus accommodant que la croyance. »

D'autres sont plus inquiets. Et plus lucides.

---

* Michel Beaud, *Le Basculement du monde*, La Découverte, 1997.

Le néant vers lequel tout conduit

« Depuis longtemps, les positions clés de la société appartiennent au cynisme diffus, dans les comités directeurs, les parlements, les conseils d'administration, les directeurs d'entreprise, les comités de lecture, les cabinets de médecins, les facultés, les études de notaires et les rédactions. Une certaine amertume, élégante, accompagne son action. Car les cyniques ne sont pas stupides, et ils voient parfaitement de temps en temps le Néant vers lequel tout conduit. Leur appareil psychique est aujourd'hui assez souple pour intégrer le doute permanent sur leur propre activité comme facteur de survie. […] C'est la conscience malheureuse modernisée […] Aisée et misérable à la fois, elle ne se sent plus concernée par aucune critique de l'idéologie. »

*Peter Sloterdijk**

* Peter Sloterdijk, *Critique de la raison cynique*, traduit de l'allemand par Hans Hildenbrand, © Christian Bourgois, 1987.

En bref, notre époque cynique professe que rien n'est gratuit et que le calcul (y compris inconscient) demeure au cœur des sentiments les plus nobles. Je voudrais montrer que ce cynisme-là est surtout *une figure de la sottise.* Comme beaucoup de sottises, celle-ci affiche une vanité condescendante mais contagieuse. C'est en se popularisant qu'elle est parvenue à désarmer les nouveaux pauvres. Ils n'osent plus, comme ceux d'hier, regarder avec malice les riches, pleins de vanité, de suffisance et d'impudence. Dans le passé, ils se savaient plus vifs, impertinents et chaleureux. Certaines chansons populaires se moquaient joyeusement des bourgeois. Par exemple celle de Jacques Brel, « Les Bourgeois », qui date de 1962.

Les bourgeois c'est comme les cochons
Plus ça devient vieux plus ça devient bête
Les bourgeois c'est comme les cochons
Plus ça devient vieux plus ça devient c…

Se moquer des bourgeois est une chose, mais être rassemblés dans une action commune en est une autre. Les infortunés, jadis, savaient surtout qu'ils incarnaient une force capable de secouer la société. Il n'en va plus de même pour les nouveaux pauvres. Ceux-là filent solitaires dans la ville ou ses banlieues. Ils évitent de croiser le regard de ceux qui connaissent la même disgrâce*. Résultat : quand le nombre de pauvres augmente, chacun – y compris les médias – donne l'impression de se résigner avec docilité. Oui, les choses de la vie et les rapports de force ont bien changé. Et pas au bénéfice des plus démunis.

Seuls les étourdis oublient de prendre la mesure du gouffre qui sépare aujourd'hui le monde des décideurs et commentateurs (dont je fais partie) de ceux qu'on appelle, avec une once de dédain, les « classes populaires ». Entre ces deux univers, la distance approche du point de rupture. Tandis qu'on disserte à l'infini sur les chances d'untel aux prochaines municipales, pendant qu'on fait l'exégèse du énième sondage, ou que l'on compte sur ses doigts le nombre de manifestants dans un défilé, un immense frisson

---

* Je reprends ici les formules du philosophe et sociologue français Pierre Sansot (disparu en 2005), dont je n'ai jamais oublié le livre *Les Gens de peu*, publié en 1992 aux PUF.

traverse l'Europe entière. Il est chargé d'humiliations refoulées, d'injustices ravalées.

Les mots employés pour désigner les perdants sont comme autant de maquillage pour mieux dissimuler la blessure. On ne parle plus des pauvres, mais des « plus modestes » ou des « impécunieux ». Et quand on évoque le « seuil de pauvreté », c'est en usant d'un code qui définit la pauvreté comme une quantité arithmétique, un manque statistique. Fatal contresens ! Quantité de composantes de la pauvreté ne peuvent ni se compter ni se calculer. Par exemple l'humiliation, le mépris, la relégation. Ces composantes ont pris une telle importance qu'on aura inventé le mot « pauvrophobie », pour désigner une détestation des pauvres.

L'apparition de ce barbarisme linguistique montre à lui seul que le cynisme progresse dans une société comme la nôtre. En 2016, l'ONG française ATD Quart Monde avait montré que se développait en France (et en Europe) un mépris affiché pour les plus misérables. Comme si on remontait le cours de notre histoire. Les bénévoles constataient un effritement progressif des valeurs de solidarité et d'hospitalité, effritement que l'afflux de migrants en 2015-2016 n'avait fait qu'accroître mais qui préexistait. Quant au discours politico-médiatique dominant, il n'est pas étranger à cette glissade décomplexée vers le cynisme.

Dire cela, c'est constater la montée insidieuse d'un véritable « racisme social ». Il est fait de désintérêt, de désengagement, d'indifférence molle. Aujourd'hui, les classes populaires – celles des pauvres – ne se sentent pas seulement pénalisées, elles ont aussi le sentiment d'avoir été mentalement abandonnées, trahies, par la culture dominante, littéralement exfiltrées du paysage. Cette impitoyable relégation, pour paraphraser le discours judiciaire, paraît plus grave encore que l'inégalité proprement dite. L'une des grandes faillites de l'époque aura été de céder à un élitisme décomplexé, de déculpabiliser les riches alors même qu'on prétendait déculpabiliser l'argent.

De fait, il est frappant de voir comment l'air du temps s'est adapté aux inégalités, à la misère sociale, aux durcissements des conditions de vie des plus pauvres et même à celui, très ambigu, des conditions de travail dans les entreprises (durcissement que dénonçaient les inspecteurs du travail mais dont les médias ne parlaient guère!). L'un des pires aspects de ce racisme social, c'est son apparente ingénuité. Il se sent légitimé par l'invocation incantatoire de prétendues « fatalités » ou « inéluctabilité » que l'on convoque à tout bout de champ : la mondialisation, les contraintes extérieures, les lois du marché, etc. « On ne peut rien faire » : chacun connaît le refrain.

Ces faux arguments, l'opinion dominante les entend désormais avec un lâche fatalisme. Au siècle dernier déjà, il se trouvait des commentateurs très « réalistes » pour justifier le travail des enfants en usine par les nécessités de la révolution industrielle. Et déjà, on reprochait à ceux qui s'en indignaient d'être irréalistes, archaïques. On ne disait pas encore populistes…

Selon certains responsables du Centre de recherche pour l'étude et l'observation des conditions de vie (CREDOC), l'opinion se montre *de plus en plus sévère envers les pauvres*. On leur enjoint de prendre en main leur destin, de surmonter eux-mêmes leurs difficultés. Quant aux dénonciations de l'« assistanat » ou du « compassionnel », elles sont devenues à la mode et aggravent encore la situation.

Mais le phénomène n'est pas seulement une affaire de chiffres et de sondages. Il concerne cet ébranlement discret à l'intérieur de nous-mêmes, ébranlement et affaiblissement de notre empathie naturelle pour les plus pauvres. Une affreuse expression semble s'imposer *de facto*, sur le terrain politique : « Avec le peuple, mais pas pour déjeuner. »

La bataille du langage

Un champ de bataille est dix fois trop négligé : celui du langage. Si certains citoyens n'écoutent plus les discours, s'ils boudent l'homélie répétitive des grands médias, c'est – aussi – parce qu'une langue commune est en ruine. La leur et la nôtre. À côté des dominants de tout acabit, que les peuples peuvent accuser de leur avoir fait les poches, ont pris place les « voleurs de mots ». Dans une démocratie d'opinion, le langage et le vocabulaire sont des lignes de front. Celle-là est enfoncée. Le rôle dévastateur de la « novlangue » dénoncée par Jean-Paul Fitoussi n'explique pas tout.

On aurait dû se souvenir que les régimes totalitaires s'employaient à détruire la vaillance du langage. Songeons à ce que les nazis avaient fait de la langue allemande qu'ils avaient triturée. Le romaniste juif Victor Klemperer analysa (à chaud) cette transformation de la langue du IIIe Reich (qu'il appelait LTI) en instrument de propagande. S'appuyant sur une multitude de sources (discours radiodiffusés d'Adolf Hitler ou de Joseph Paul Goebbels, faire-part de naissance et de décès, journaux, livres et brochures, conversations, etc.), il a montré comment la langue et la culture allemande avaient pu être détruites par la novlangue nazie. Le stalinisme fit de même avec la langue russe. Des formules faussement anodines peuvent alors se répandre dans l'air du temps, comme un gaz inodore mais mortel*.

Ce n'est pas tout. Le philosophe et mathématicien Ludwig Wittgenstein (1889-1951) répétait que nous devions lutter « contre la manière dont le langage ensorcelle notre intelligence ». Et pas seulement dans les régimes totalitaires. Le langage de nos démocraties, toutes proportions gardées, a été lui aussi ensorcelé

* On peut lire en français Victor Klemperer : *LTI, la langue du IIIe Reich*, Pocket, coll. « Agora », rééd. 2003.

depuis une trentaine d'années. Un dénigrement discret s'est trouvé intériorisé, y compris par ceux qui prétendaient le combattre. Les pauvres en ont fait les frais.

Les exemples ne manquent pas. On ne s'attardera pas sur les plus connus : la façon dont le mot « populisme » a été transformé en arme de dissuasion massive ; le tour de bonneteau qui a permis de remplacer le mot « capitalisme » par celui, moins répulsif, de « libéralisme » ; la formule « cercle de la raison » inventée jadis pour faire accroire aux citoyens que les marchés étaient plus « raisonnables » que les élus, etc. Ajoutons les risibles éléments de langage, que l'on fournit dorénavant aux ministres en exercice, afin qu'ils puissent donner des réponses calibrées aux questions des citoyens.

Dans une démocratie d'opinion, le langage et le vocabulaire deviennent ainsi des enjeux vitaux. Au mot « gouvernement », on préfère celui de « gouvernance » ; à la « réglementation », on a substitué la « régulation » ; quant à la volonté politique, elle se voit rebaptisée « volontarisme ». Or, ces trois mots transmettent de manière subliminale la même assignation clairement démobilisatrice. La « gouvernance » est moins contraignante, et plus floue, que le « gouvernement ». La « régulation » est plus évasive que la « réglementation ». De son côté, le mot « volontarisme » laisse entendre (avec ce « isme » surajouté) que la volonté démocratique ne serait qu'une posture, et parfois même une idéologie.

Par le truchement du langage, on désarme en douce une conviction, en l'empêchant « mentalement » de résister aux lois des marchés. Les peuples sentent bien qu'après avoir ruiné leurs niveaux de vie on a confisqué leur langage. Il faudrait le leur rendre. Avec respect. C'est ce qu'exprimait Georges Bernanos quand il disait : « La pauvreté m'a toujours comblé de bienfaits [...] c'est pour sa charité que je l'aime, sa tendre prévoyance*. »

Une lassitude fatiguée

La pathologie mentale qui nous guette comme une fièvre mauvaise, c'est le cynisme fier

* Cité par Éric Benoît, *Bernanos, littérature et théologie*, Cerf, 2013.

de lui et prosélyte. Il est moins facile à combattre qu'on ne le croit. Les cyniques d'aujourd'hui ont parfois étudié et le plus souvent entendu parler de cette école philosophique de la Grèce antique qui, au IVe siècle avant notre ère, voulait renverser les valeurs dominantes. Je dois dire qu'en ce qui me concerne je ne connaissais à peu près rien du sujet. Je me suis lancé dans des lectures avec l'enthousiasme résolu (et un peu candide) de celui qui veut comprendre. Le principal représentant des cyniques de l'Antiquité, Diogène de Sinope, prônait une « autre » philosophie, joyeuse, libre mais aussi vertueuse. Elle entendait résister aux puissants du moment et au conformisme de l'époque.

J'ai vite compris, au fil de mes lectures, que je n'étais pas le seul à essayer de savoir ce qui distinguait réellement nos désespérants cyniques modernes des cyniques plus respectables de l'Antiquité. Je suis tombé sur le livre du philosophe et théoricien trotskiste français, Daniel Bensaïd, qui fut un dirigeant historique de la Ligue communiste révolutionnaire et de la IVe Internationale. Ce n'était pas ma « paroisse », mais les textes de cet homme intelligent et plus libre d'esprit qu'on ne l'imaginait ne m'avaient jamais laissé indifférent. J'ai découvert qu'il s'était – aussi – intéressé aux cyniques d'aujourd'hui et à ceux d'autrefois. J'avais pris en note dans un de ses livres quelques lignes s'y rapportant. On les trouvera ici.

Entre cynisme indifférent et dogmatisme crispé

« Si le partage entre le vrai et le faux, le bien et le mal, le juste et l'injuste, est la plupart du temps indécis, mal assuré, il n'est pourtant jamais nul. Réduit parfois à presque rien, ce presque n'est pas rien. Il fait la différence permettant de conjurer le cynisme moderne, pour qui tout se vaut. Si mouvant et si ténu soit-il, ce partage des eaux suffit à faire qu'il y ait, sinon une justice absolue, du moins des moments et des actes de justice, à établir une "démarcation assez précise et ineffaçable", envers l'indifférence sceptique, comme envers la certitude dogmatique. »

*Daniel Bensaïd**

* Daniel Bensaïd, *Une lente impatience*, © Stock, 2004.

Aujourd'hui, vingt-quatre siècles après Diogène, les « cyniques » sont moins estimables. Le cynisme a été réduit à ce qu'on a pu qualifier de « lassitude fatiguée ». Cette lassitude – assez médiocre, de mon point de vue – collabore avec ce qu'il y a de plus détestable dans la dureté du monde social. Ses adeptes n'invoquent le glorieux passé des cyniques de la Grèce antique que pour redorer leur blason. C'est pourquoi j'ai mal compris que Peter Sloterdijk, cité plus haut, afin de lutter contre le « cynisme moderne » recommandât de redécouvrir les vertus du cynisme antique ou plus exactement le « kunisme » que pratiquait le philosophe Diogène de Sinope. Celui que *Platon considérait comme un Socrate devenu fou.*

Fou ? C'est à voir. La postérité a surtout retenu que, pour lutter contre tout « modèle moral », il multipliait les provocations comme pisser et aboyer comme un chien ou se masturber en public. Je n'ai pas été convaincu par le bonhomme. S'agissait-il bien de vertus ? Pour redécouvrir celles – véritables – du cynisme antique, mieux vaut suivre d'autres pistes. Se cantonner à l'exemple caricatural de Diogène de Sinope, c'est se tromper sur la richesse historique, la durée et l'extrême variété de l'« école cynique ». C'est aussi confondre deux Diogène, Diogène de Sinope et Diogène Laërce. C'est ce dernier qui, selon les (rares) spécialistes, a transmis beaucoup d'informations sur l'école cynique. Sans lui, elles eussent été perdues.

Or la plupart des cyniques ont laissé peu d'écrits. Par essence, leur cynisme voulait être le « plus court chemin vers la vertu ». Ils refusaient donc de s'encombrer de discours abstraits et préféraient pratiquer une philosophie concrète. Pour eux, le simple fait de survivre dans le dénuement suffisait pour devenir sage. L'érudition et le « savoir technique » n'étaient pas nécessaires. Mieux encore, Antisthène, le philosophe fondateur de l'école cynique en 390 avant notre ère, n'y allait pas par quatre chemins. Il affirmait devant ses premiers disciples qu'« aucun discours n'avait de valeur, aucune étude ni savoir ». C'est à peine s'il admettait malgré tout, comme Socrate, que la vertu pouvait s'enseigner.

Par chance, j'ai trouvé la trace d'une chercheuse reconnue, directrice de recherche au CNRS, Marie-Odile Goulet-Cazé. Cette dame, inconnue du grand public, a accompli un travail monumental sur le sujet et publié plusieurs ouvrages de référence. Parmi ceux-ci, l'un sur Diogène Laërce et un autre sur l'histoire mouvementée du cynisme qui a duré plus de dix siècles : du Ve siècle avant notre ère au Ve siècle après Jésus-Christ.

Bravant ma relative ignorance sur les doctrines de l'Antiquité classique, j'ai « consulté » son livre consacré à Diogène Laërce, puis j'ai feuilleté avec attention (je n'ose pas dire que j'ai « lu ») une somme de sept cents pages, *Le Cynisme, une philosophie antique*[*]. On y découvre que, sur la durée, le cynisme a entretenu de riches rapports avec toutes sortes d'écoles et de traditions, y compris le christianisme. Le cynisme ancien critiquait les hiérarchies sociales, exigeait que les actes et les paroles coïncident, et enseignait le mépris des richesses. Il pouvait être apprécié par le judaïsme et le christianisme. Pour Marie-Odile Goulet-Cazé, il est nécessaire d'aller le plus loin possible dans l'étude et la connaissance des liens « qui unirent, écrit-elle, la philosophie la plus

---

* Marie-Odile Goulet-Cazé, *Le Cynisme, une philosophie antique*, Vrin, coll. « Textes et traditions », 2017.

dérangeante de l'Antiquité et la religion chrétienne au message le plus révolutionnaire, sans forcer les textes et sans sacrifier à une quelconque idéologie* ».

Les cyniques modernes ne ressemblent pas du tout à leurs lointains ancêtres. Ils ignorent à peu près tout de ces derniers, ou bien ont interprété de travers leur enseignement. Leur exemple me remet en mémoire une expression que les écoliers apprennent en classe de terminale : les « pourceaux d'Épicure ». Sa formulation remonte à Horace, poète latin du Ier siècle avant notre ère. Elle désignait ceux qui n'avaient retenu d'Épicure qu'une invitation à se plonger dans la jouissance des sens, un viatique pour la débauche et l'intempérance.

Ce n'était pas vraiment ce qu'enseignait Épicure. Pour lui, le matérialisme bien compris ouvrait les chemins de la paix et de l'*ataraxie*. Ce dernier concept, apparu d'abord chez Démocrite, « désigne la tranquillité de l'âme ou encore la paix de cette dernière résultant de la modération et de l'harmonie de l'existence ». Concernant le désir,

---

* Voir Marie-Odile Goulet-Cazé, *Cynisme et christianisme dans l'Antiquité*, Vrin, coll. « Textes et traditions », 2015.

Épicure en distinguait de trois sortes : les désirs *naturels et nécessaires*, les *naturels et non nécessaires*, les *non naturels et non nécessaires*. Pas de quoi séduire un « pourceau » selon Horace !

Il est utile de le savoir. Aujourd'hui, en effet, les cyniques modernes ont aussi mal compris l'école cynique de l'Antiquité que les « pourceaux » avaient mal compris Épicure. Ils répandent autour d'eux quantité d'idées fausses. Souvent très sottes. C'est pour cela qu'à mes yeux le cynisme moderne n'est jamais qu'une figure de la bêtise.

La question est aujourd'hui très simple : est-il possible d'être véritablement sceptique et cynique ? Je n'en suis pas sûr.

L'impasse sceptique

Beaucoup se disent détachés de toute croyance. Ils se rassurent en ajoutant que des questions comme celle de la croyance, de la foi ou de la conviction n'ont plus de sens dans notre modernité. Elles auraient été chassées de nos esprits par notre préférence pour le « savoir ». Mieux vaudrait savoir que croire. Pensant ainsi, on oublie un aphorisme d'autant plus dérangeant qu'il fut inventé par un homme de savoir, le biologiste, historien des sciences et académicien Jean Rostand (1894-1977). Sa formule n'allait pas sans ironie : « Il croit qu'il sait, il ne sait pas qu'il croit. » Elle résume en peu de mots l'ambiguïté absolue des rapports qui existent entre savoir et croyance, connaissance et conviction, certitude et réflexion critique.

Du reste, la culture populaire et le langage courant donnent l'impression de ne plus savoir à quel saint se vouer, dès qu'il est question du verbe « croire ». On se moquera volontiers du « croyant » en opposant la saine raison à sa misérable crédulité, mais on détestera d'un même mouvement quiconque se dit sans foi ni loi ; de la même manière, on ironisera sur la foi (religieuse, politique ou éthique) du quidam, mais on stigmatisera le « nihiliste », c'est-à-dire celui qui assure ne croire en rien.

La contradiction se formule d'une autre façon : chacun honore, comme on le sait, la foi qui déplace les montagnes, mais on réserve mille indulgences et sympathies à l'endroit du sceptique déclaré. Il nous paraît plus calme, moins vindicatif que celui qui est (trop) sûr d'avoir raison*.

Quant au fait que notre époque a congédié depuis longtemps la croyance et la conviction, c'est à elle que s'adresse globalement la remarque de Jean Rostand que j'évoquais plus haut et qui fut reprise par nombre d'auteurs. La modernité tout entière « croit qu'elle sait, mais ne sait pas qu'elle croit ». Il suffit de réfléchir un tant soit peu pour s'en convaincre. De prime abord, la formule nous choque, voire nous scandalise. À mieux la regarder, on se rend compte que ladite modernité n'est pas aussi sceptique et agnostique qu'on l'imagine, et surtout qu'on le proclame. Elle est encore moins « athée ». C'est même tout le contraire.

Elle paraît colonisée par une infinité de croyances, plus naïves que les anciennes idéologies et plus dogmatiques que les vieilles religions monothéistes du passé ; des croyances si rudimentaires et si closes sur elles-mêmes qu'il faut plutôt parler de crédulité, au sens qu'en donne le Littré :

---

* J'ai développé ces quelques réflexions dans mon livre *La Force de conviction*, Le Seuil, 2005.

croire trop facilement. Le psychiatre et anthropologue Gérard Mendel (disparu en 2004) le résumait ainsi quelques mois avant de mourir : « La libération au moins partielle de l'individu n'a pas placé celui-ci devant le "rien" du nihilisme philosophique, mais au contraire devant un "trop"*. »

Un trop ? La boucle aurait-elle été simplement bouclée ? Serions-nous repassés subrepticement de la croyance à la crédulité ? Aurions-nous accompli, en aveugle, ce parcours à reculons ? L'homme hypermoderne, par des voies détournées, se serait-il métamorphosé en hyper-archaïque ? C'est un peu tout cela en même temps.

Ludwig Wittgenstein, déjà cité dans ces pages, revient souvent sur ce paradoxe du doute, indissolublement lié à la croyance comme l'ombre à la lumière. « Qui voudrait douter de tout, écrit-il, n'irait même pas jusqu'au doute. Le jeu du doute lui-même présuppose la certitude**. » Cela

---

* Gérard Mendel, *Construire le sens de sa vie. Une anthropologie des valeurs*, La Découverte, 2004.

** Ludwig Wittgenstein, *De la certitude*, Gallimard, coll. « Tel », 1995.

signifie que *pour douter, il faut au moins quelques convictions qui fondent le doute*. Le doute et l'esprit critique, qui rendent possibles la démarche scientifique et le questionnement philosophique, exigent que l'on croie au moins en leur puissance explicative. Pour cette raison, le pyrrhonisme intégral – celui dont se réclament les sceptiques autoproclamés – est une vue de l'esprit. Il est un horizon qui recule sans cesse quand on croit l'atteindre. Ne croire en rien est une formule séduisante mais qui a l'inconvénient de s'autoréfuter : *elle exigerait, pour faire sens, que l'on doute du doute lui-même*. La proposition étant absurde, la définition du scepticisme, bien que familière, l'est aussi.

Cette contradiction n'avait pas échappé à Pascal. Dans ses *Pensées*, le philosophe chrétien s'en prend d'un côté aux pyrrhoniens (sceptiques intégraux, héritiers de Pyrrhon) et de l'autre aux « dogmatistes ». Il condamne les deux. Le scepticisme comme la croyance dogmatique, refermée sur elle-même, méritent d'être récusés au nom de l'infini de l'homme. « On ne peut être pyrrhonien ni académicien sans étouffer la nature, on ne peut être dogmatiste sans renoncer à la raison.

La nature confond les pyrrhoniens et la raison confond les dogmatiques*. »

On devrait relire plus souvent Pascal.

*

* *

D'une étape à l'autre, nous avons vérifié, me semble-t-il, que le cynisme contemporain ne menait effectivement qu'au néant. C'est ce néant-là qu'on appelle parfois « nihilisme » et que des auteurs aussi différents que Dostoïevski, Émile Zola, Franz Kafka, Friedrich Nietzsche, Leo Strauss, Alain Finkielkraut et bien d'autres ont condamné. Ils ont même invité ceux qui les lisaient à le combattre.

Il est vrai qu'ils se sont parfois jeté à la figure ce concept tant on pouvait lui donner des sens différents. Je ne donnerai ici qu'une définition, celle d'Alain Finkielkraut, un garçon de ma génération. « Le relativisme, écrit-il, est la plaie de nos sociétés quand bien même il ne conduirait pas au

---

* Blaise Pascal, *Pensées*, frag. 122. On notera que Pascal écrit d'abord « dogmatistes » puis « dogmatiques ».

totalitarisme. Il conduit au nihilisme, qui n'est pas celui du "tout est possible", ni nécessairement du "tout est permis" – on met quand même ici ou là des barrières – mais le nihilisme effrayant du "tout est égal" qui accompagne l'enlaidissement du monde. Le monde s'enlaidit sous nos yeux. Si tout est égal, on ne peut répondre à cet enlaidissement*. »

Voilà bien une autre question passionnante.

Un autre livre ?

---

* http://notredamedesneiges.over-blog.com/article-18791409.html

3

Bonheur de l'entraide retrouvée

« Celui qui lutte contre les monstres doit veiller à ne pas le devenir lui-même. »

Friedrich Nietzsche*

* Friedrich Nietzsche, *Par-delà le bien et le mal*, Fragment 146, 1886.

La remise au clair des thèses de Charles Darwin, et la réhabilitation du concept d'« entraide » en lieu et place de la « sélection naturelle », ressemble à un roman de la grande littérature russe. Disons du Nicolas Gogol ou du Ivan Tourgueniev. On la doit au fils d'un général et riche propriétaire terrien, prince lui-même, appartenant à une branche cadette de la dynastie des aristocrates de Smolensk. Sa mère, Catherine Nikolaïevna, était fille d'un général, héros des guerres napoléoniennes. En 1857, le fils bien né de ce dernier, Pierre Alexeïevitch Kropotkine, après de brillantes études à Moscou, entre dans l'armée impériale russe. Il est affecté en Sibérie sur le fleuve Amour, comme officier des Cosaques.

Six ans plus tard, ses sympathies pour l'insurrection polonaise de 1863 l'obligent à quitter l'armée. Entre-temps, il a découvert les travaux de la Ire Internationale et, en Suisse, a adhéré à la fédération jurassienne de cette organisation. Il est sensible aux thèses des anarchistes. De retour à Moscou, ses activités de militant lui valent d'être arrêté pour « publication de brochures interdites ». On l'interne en forteresse d'où il parvient à s'évader en juin 1876. Quand il retourne à Neuchâtel en Suisse, il est déjà devenu un théoricien de l'anarchisme en vue. Il écrit régulièrement dans la presse libertaire (*Le Révolté*, *L'Avant-Garde*).

Expulsé de Suisse, il s'installe en France, à Thonon-les-Bains, en 1882. Cette année est celle des attentats à la bombe à Lyon et des grèves de mineurs à Montceau-les-Mines. Au procès dit des « 66 », on l'accuse d'être affilié à l'Association internationale des travailleurs (AIT). Il est condamné à cinq ans de prison. En 1883, avec plusieurs autres détenus, il est transféré à la centrale de Clairvaux avec le statut de « prisonnier politique ». Il est amnistié en 1886.

Il faudra attendre 1902 pour qu'il s'intéresse à la postérité truquée de Charles Darwin, et écrive son maître ouvrage qui lui vaudra une notoriété internationale : *L'Entraide, un facteur de l'évolution*. Ce texte, fondé sur l'observation attentive des réalités du terrain, l'éloigne quelque peu de la veine libertaire. Mais il a des choses à dire ! Il s'était passionné pour le livre de Darwin, *De l'origine des espèces*, paru en 1859, et avait déjà projeté d'aller vérifier, jusqu'en Sibérie, la pertinence et le fonctionnement de la fameuse « sélection naturelle ». Or la réalité découverte cette fois ne ressemble pas du tout aux descriptions de Darwin. C'est même tout le contraire.

« Le côté sociable de la vie animale, écrit-il, joue dans la nature un rôle beaucoup plus grand que l'extermination mutuelle. [...] L'entraide est le fait dominant de la nature. Mais si l'entraide y est si largement répandue, c'est parce qu'elle donne aux espèces animales qui la pratiquent des avantages tels que le rapport de forces s'en trouve complètement changé, au désavantage des animaux de proie*. »

---

* Pierre Kropotkine, *L'Entraide, un facteur de l'évolution*, éd. Écosociété, rééd. 2005.

À l'origine, le livre devait s'appeler *Mutual Aid.* C'est un autre géographe, libertaire lui aussi, le Français Élisée Reclus, qui lui suggéra de traduire ce titre par « Entr'aide », mot qui devint « Entraide » en 1931 quand on enleva l'apostrophe. En 1891, son ami Élisée Reclus est un admirateur célèbre de Dostoïevski. Seul son anarchisme revendiqué lui a fait « rater » le prestigieux prix biennal de l'Institut dont certains immortels de l'Académie française désiraient le gratifier. Il aura du moins enrichi la langue française en lui faisant cadeau d'un mot nouveau : « entraide ».

Les espèces asociales
sont condamnées à s'éteindre

« Dans le monde animal nous avons vu que la grande majorité des espèces vivent en société et qu'elles trouvent dans l'association leurs meilleures armes dans la lutte pour la survie : bien entendu et dans un sens largement darwinien, il ne s'agit pas simplement d'une lutte pour s'assurer des moyens de subsistance, mais d'une lutte contre les conditions naturelles défavorables aux espèces.

Les espèces animales au sein desquelles la lutte individuelle a été réduite au minimum et où la pratique de l'aide mutuelle a atteint son plus grand développement sont invariablement plus nombreuses, plus prospères et les plus ouvertes au progrès. La protection mutuelle obtenue dans ce cas, la possibilité d'atteindre un âge d'or et d'accumuler de l'expérience, le plus haut développement intellectuel et l'évolution positive des habitudes sociales, assurent le maintien des espèces, leur extension et leur évolution future. Les espèces asociales, au contraire, sont condamnées à s'éteindre. »

*Pierre Kropotkine**

Le 8 février 1921, Kropotkine meurt à l'âge de soixante-dix-huit ans, à Dmitrov, près de Moscou. Sa famille et ses amis refusent de confier au gouvernement bolchevique les funérailles nationales qu'il envisageait. Celles-ci sont organisées par de simples militants anarchistes. L'enterrement a lieu le 13 février. Dans un froid

* *Ibid.*

glacial, vingt mille Moscovites suivent le cortège qui s'arrête une première fois au musée Léon-Tolstoï où est jouée la *Marche funèbre* de Frédéric Chopin, puis une seconde fois au niveau de la prison de la Botkyrka, où nombre de prisonniers politiques manifestent leur solidarité en frappant sur les barreaux de leurs cellules.

*

* *

Aujourd'hui, cent vingt ans après la parution du livre de Pierre Alexeïevitch Kropotkine, les défenseurs de « l'entraide » plutôt que de la compétition généralisée disent avoir choisi cette expression pour lui rendre hommage. Cent vingt ans ! Comment n'a-t-on pas compris, ni même entrevu sa pensée pendant plus d'un siècle ? Comment quantité de décideurs, en 2021, confondent encore la pensée de Darwin avec le darwinisme social qui, on l'a vu, en fut l'instrumentalisation par les capitalistes du XIXe siècle.

Il est plus utile que jamais de réfléchir à cette puissance diabolique d'une idée fausse, dès lors qu'elle est délibérément tenue pour vraie par ceux qui veulent s'en approprier l'usage. Là se trouve une part de la violence de l'Histoire. Pour ne pas s'y engloutir, mieux vaut s'abreuver à la pensée des hommes libres, forcément dissidents. Ce sont eux qui permettent à la douceur de ne pas disparaître. Il en existe beaucoup plus qu'on ne le croit. Nous avons tous des exemples personnels en tête. Les auteurs qui ont compté dans ma vie – de Jacques Ellul à René Girard, d'André Gorz à Edgar Morin, de Maurice Bellet à René Étiemble – ont tous eu le courage d'écrire à contre-courant, hors de l'influence des pensées dominantes. Ils nous invitent à faire de même.

En tout cas, je ne remercierai jamais assez Pablo Servigne et Gauthier Chapelle, auteurs de *L'Entraide, l'autre loi de la jungle**, livre qui contribue à déconstruire – enfin ! – les tromperies de la compétition, et les leçons biaisées des prétendus « réalistes ». Ce sont eux qui, les premiers, m'ont mis sur la piste de Kropotkine.

---

* Pablo Servigne et Gauthier Chapelle, *L'Entraide, l'autre loi de la jungle*, © Les Liens qui libèrent, 2019.

Peter Wohlleben et la douceur des arbres

Si l'on cherche des « continuateurs » de Kropotkine, pas forcément anarchistes, on tombe inévitablement sur le cas de l'ingénieur forestier et écrivain allemand Peter Wohlleben. Il s'agit d'un écologiste réellement courageux. Né en 1964 à Bonn, titularisé comme fonctionnaire de l'office forestier de Rhénanie-Palatinat, il obtient en 1991 son premier poste comme forestier de terrain. Il sera vite en désaccord avec la gestion productiviste de la forêt (coupes rases, utilisation de grosses défricheuses et de produits phytosanitaires analogues au Glyphosate).

En 2002, il met en pratique une idée généreuse en créant un cimetière forestier sur la commune de Hümmel, et le baptise la « Forêt de la paix ». Les gens peuvent venir y déposer les urnes de leurs parents disparus, sous de vieux arbres munis d'une plaque portant le nom du défunt. Ses patrons n'apprécient guère cette initiative « en dehors des clous ». En 2006, en opposition constante avec sa hiérarchie, il finit par démissionner de l'office régional forestier de Rhénanie-Palatinat. La municipalité de Hümmel, acquise à ses idées, rompt elle aussi avec cet office et l'embauche en direct. Wohlleben perd son statut de fonctionnaire. Il accepte le risque et la fragilité du poste.

Sa santé se détériore en 2007 avec un burn-out, bientôt doublé d'une maladie cardiaque. Il devra bientôt renoncer à son district forestier. Sur les conseils de sa femme, il entreprend l'année suivante d'écrire pour raconter ce qu'il a appris sur les arbres et les forêts. Dès le premier livre, il est repéré par les lecteurs et, en 2015, *La Vie secrète des arbres** se vend à plusieurs millions d'exemplaires à travers le monde. Peter Wohlleben devient le forestier le plus célèbre du monde. Il peut fonder en 2017 une « académie de la forêt ». L'année suivante, il publiera *La Vie secrète des animaux*, puis *Les Réseaux secrets de la nature* (2019), toujours chez le même éditeur pour leur version française.

Comme d'innombrables lecteurs, j'ai lu ses livres avec grand intérêt. Dans chacun d'eux, il est question d'entraide. Wohlleben nous propose des exemples et des récits inattendus. Disons qu'ils

---

* Peter Wohlleben, *La Vie secrète des arbres*, Les Arènes, 2017.

s'inscrivent dans le cadre d'une métamorphose radicale de notre perception du monde animal et végétal. Cette évolution s'est amorcée plusieurs dizaines d'années auparavant, grâce à l'émergence d'une nouvelle approche : l'éthologie, dont l'initiateur fut le biologiste et zoologiste autrichien Konrad Lorenz. *Elle consiste à ne plus étudier les animaux sur la table de dissection mais « en situation », dans leur comportement quotidien.*

Cette approche révolutionne la vision que nous avions des végétaux et du monde animal. Elle fait naître des concepts comme « écosystème » ou « biotope », qui nous sont désormais familiers. Le rapport publié par l'ONU en 2000 sur l'Évaluation des écosystèmes pour le nouveau millénaire définit l'écosystème comme « un complexe dynamique composé de plantes, d'animaux, de micro-organismes et de la nature morte environnante agissant en interaction en tant qu'unité fonctionnelle ».

Le style n'est pas très littéraire mais la définition est précise. Et utile. Cette nouvelle approche du monde animal, grâce à l'éthologie, nous permet d'apprendre une multitude de choses inconnues jusqu'alors, ou négligées. Elle modifie non seulement notre vocabulaire concernant les animaux, mais aussi nos relations avec eux. On sait maintenant qu'ils sont capables de souffrance, de prévoyance, d'empathie et d'entraide. René Descartes, dans son *Discours de la méthode* publié en 1637, définit les animaux comme des machines, simples assemblages de pièces et de rouages, dénués de conscience ou de pensée. La définition de Descartes, vieille de quatre siècles, est révolue. Elle nous semble même risible.

Les malheurs du lynx

À propos du langage animal, on apprend en lisant Peter Wohlleben que les sangliers reconnaissent très bien les membres de leur famille, même très éloignés. Ils se montrent beaucoup plus amicaux avec leurs « parents » qu'avec des étrangers. Les sangliers ont la fibre sociale et savent s'entraider pour la toilette ou se coucher les uns contre les autres afin de se protéger du froid. Si plus tard, après leur naissance, les marcassins de l'année (les « bêtes noires ») viennent à rencontrer leur ancienne tribu, ils se reconnaissent aussitôt et s'aiment en famille.

La reconnaissance et l'entraide impliquent une bonne communication, donc un langage efficace. On sait maintenant que les corbeaux maîtrisent plus de quatre-vingts cris différents. Parmi eux, un cri personnel de reconnaissance leur permet de s'annoncer – et de se reconnaître – entre congénères. Les corbeaux retiennent ainsi le nom personnel de leurs congénères pendant des années.

Une mésange charbonnière possède un langage élaboré. Il lui sert notamment à signaler à la communauté la présence d'un ennemi. Elle voit venir le danger de loin et mettra en garde les autres mésanges en émettant un son aigu, inaudible pour l'épervier, mais permettant à tout le clan de se mettre à l'abri, ni vu ni connu. Si, en revanche, le rapace se rapproche déjà dangereusement, l'avertissement retentit dans des fréquences plus basses. Toutes les mésanges savent alors que l'attaque de l'épervier est imminente. L'agresseur entend cette fois-ci la mésange zinzinuler et sait que son attaque ne sera pas une surprise.

Quant au lynx, quand il parcourt son immense territoire, c'est qu'il a envie de manger un chevreuil. Pour y parvenir, il doit miser sur l'effet de surprise. Sont particulièrement faciles à attraper les herbivores imprudents qui ne se doutent de rien, la présence de grands félins ne s'étant pas encore ébruitée parmi eux. Le lynx mange alors jusqu'à un chevreuil par semaine, mais seulement tant que les autres n'ont pas été avertis. Car, alors, c'est la panique dans la forêt, et tous les animaux, même domestiques, sont sur leurs gardes. Un collègue a raconté à Wohlleben que son chat était le premier à signaler la présence d'un lynx alentour. Alors il n'osait plus sortir. Comment le chat avait-il eu vent du lynx ? Peut-être est-ce le comportement de l'ensemble des proies potentielles qui fait naître dans la forêt une atmosphère de méfiance ? Le résultat est que le lynx réussit de moins en moins souvent son coup et doit partir chasser plus loin. Merci les amis !

Je ne vais pas multiplier les exemples d'entraide animale. Attachons-nous au plus commun de tous, celui que connaissent tous ceux qui habitent la campagne ou y séjournent dans une résidence secondaire. Je pense aux sentiers que tracent eux-mêmes les animaux quand l'homme ne s'en charge pas. Ils sont étroits, à peine visibles au début. Mais les autres animaux – sangliers, blaireaux, renards ou lièvres – les suivent car ils exigent moins d'efforts, tant et si bien que les herbes sont peu à peu piétinées et ne se redressent plus. Au fil du temps, précise Wohlleben, il arrive la même chose que sur nos sentiers battus. Et, de génération en génération, les animaux se transmettent la connaissance de ces coulées, aisées à parcourir.

Bien sûr, ces choses n'étaient pas complètement ignorées dans nos campagnes au temps de l'agriculture traditionnelle. Les paysans (et les chasseurs) en connaissaient depuis longtemps un rayon sur la question, mais sans avoir les éléments explicatifs. Autrement dit, cette connaissance était transmissible mais empirique. Aujourd'hui, elle devient un *savoir*, alors même que la mécanisation de l'agriculture productiviste éloigne beaucoup d'agriculteurs de ce rapport étroit avec la terre et son grouillement de vie. Une relation privilégiée est évoquée par Albert Camus, dans sa pièce *Caligula* (1944). Il parle de cet « accord de la terre et du pied [...] et de cet apaisement fugitif et bouleversant qu'y ramène le soir ».

En outre, le choix de l'entraide constitue une exemplarité qui n'a que des conséquences positives. On dit que des singes capucins ont tendance à refuser de la nourriture venant d'humains qu'ils ont vus refuser de coopérer avec d'autres animaux. *L'entraide appelle l'entraide.* De même que la réputation correspond à un précieux capital. Le vieux proverbe « Payer ses dettes enrichit » en est une expression logique. En payant régulièrement mes dettes, je maintiens mon crédit à un seuil élevé, donc je m'enrichis. La règle vaut, bien sûr, pour les rapports entre particuliers. Pensons aux « bonus » et « malus » des contrats d'assurance. Pour les échanges entre un particulier et l'État, par exemple avec l'administration fiscale, les choses sont plus compliquées.

Au chapitre de l'entraide animale, il ne faut pas oublier la protection des éléments les plus faibles ou les plus exposés. Je pense à l'exemple d'une troupe de ruminants ou de chevaux qui font cercle pour résister à une meute de loups. J'ai eu la chance (rare) en Nouvelle-Calédonie d'assister, vue d'avion, à une autre scène d'entraide animale. Nous survolions à basse altitude l'immense lagon calédonien avec un responsable de la société Le Nikel. Nous avons pu observer du ciel un spectacle prodigieux. Une quinzaine de dauphins avaient formé un cercle pour protéger une femelle en train de mettre bas. Cette dernière devait sauter plusieurs fois hors de l'eau puis se laisser tomber brutalement à la verticale, queue frappant la surface, pour accélérer la sortie du petit.

Elle se savait protégée d'une éventuelle attaque de requins. Les dauphins, grâce à leur vitesse, sont capables de rattraper les requins, plus lents, et de les tuer en les percutant à pleine vitesse.

Les arbres eux aussi s'entraident

Les animaux ne sont pas les seuls à s'entraider ; les arbres, les arbustes ou les buissons le font aussi, à leur façon. C'est encore à Peter Wohlleben et à quelques autres que l'on doit cette extraordinaire découverte. Elle nous rend encore plus solidaires d'une planète victime d'un saccage – et d'un enlaidissement – devenu permanent. Les spécialistes estiment maintenant que les végétaux – et notamment les arbres – sont capables de distinguer leurs racines de celles d'espèces différentes, et même de celles d'individus de la même espèce. En d'autres termes, ils communiquent entre eux et s'entraident en cas de besoin.

Une chercheuse de l'université d'Aix-la-Chapelle, Vanessa Bursche, travaillant sur la photosynthèse dans les forêts de hêtres, estime que les arbres *synchronisent leurs développements respectifs en mutualisant leurs faiblesses et leurs forces*, qui diffèrent grandement selon le terrain. Si le sol est caillouteux ou s'il est meuble, s'il contient beaucoup ou très peu d'eau ; s'il est riche ou pauvre en nutriments, les hêtres ne bénéficient pas d'une même fertilité. L'entraide entre eux, et donc le rééquilibrage des conditions de pousse, s'effectuerait par le truchement des racines. Les moins bien lotis recevraient un apport venu des mieux nantis.

Les grands arbres aident leurs rejetons

« En 1997, dans les forêts des montagnes Rocheuses (États-Unis), une chercheuse canadienne, Suzanne Simard, a mis en évidence avec son équipe le fait que les arbres les plus âgés transféraient des sucres à leurs plus jeunes voisins de manière souterraine, via le mycélium. Grâce à une meilleure exposition à la lumière, les arbres matures obtiennent un surplus d'énergie

qu'ils reversent aux jeunes pour leur permettre de croître sous leur ombre. [...] Des recherches plus poussées ont encore affiné le tableau : d'abord en montrant que les grands arbres étaient capables de reconnaître leurs propres rejetons et leur consacraient davantage de ressources que leurs voisins plus éloignés génétiquement (mais de la même espèce) ; ensuite en découvrant que, dans les mois qui précèdent leur mort de vieillesse, les grands arbres procèdent à un largage final de toute leur richesse accumulée (les sucres)... »

*Pablo Servigne et Gauthier Chapelle**

Dans les années 1970, on a découvert que certains acacias de la savane africaine étaient capables de se défendre contre leurs prédateurs, en l'occurrence les girafes, en augmentant très vite la teneur en substance toxique de leurs feuilles. Mieux encore, elles émettent un gaz spécifique (de l'éthylène) pour prévenir leurs congénères de l'imminence d'un danger. Chez nous, en Europe,

* Pablo Servigne et Gauthier Chapelle, *op. cit.*

les hêtres, les chênes ou les sapins réagissent d'une façon comparable. Si une de leurs feuilles est blessée par les mandibules d'une chenille, les arbres modifient le tissu végétal autour de la blessure. Et elles envoient des signaux pour qu'agissent des anticorps qui dissuaderont les chenilles de poursuivre leurs attaques.

Remarque moins agréable que j'emprunte encore à Wohlleben, dès que l'on quitte la forêt pour accéder à une zone agricole, la végétation devient silencieuse, et l'entraide ne fonctionne plus. La main de l'homme a fait perdre aux plantes cultivées beaucoup de leur aptitude à communiquer par voie souterraine ou aérienne. Quasi muettes et sourdes, elles sont devenues une proie facile pour les insectes. L'utilisation massive de pesticides par l'agriculture moderne trouve là une de ses explications. Les agriculteurs devraient laisser un peu de naturel dans les cultures de céréales et de pommes de terre, afin qu'elles « recouvrent la parole ».

La part obscure de nous-mêmes

Notre adhésion sans réserve au principe de l'entraide comme notre conviction, que nous partageons avec le théologien André Beauchamp, que le chemin de la douceur constitue notre avenir ne doivent pas nous faire oublier qu'il existe en chacun de nous une part obscure. Nous sommes *Homo sapiens* mais il faut corriger cela en parlant d'*Homo sapiens-demens*. C'est ce qu'Edgar Morin s'est employé à faire dans plusieurs de ses livres. Notamment *Le Paradigme perdu**.

Pour lui, le propre de l'*Homo sapiens* est aussi d'être un « homme doué de déraison ». La folie, la violence que connaissent les sociétés humaines ne constituent pas des accidents ou des dérèglements de la « nature humaine » mais sont inscrits dans cette nature elle-même.

Comme correspondant de guerre, j'ai pu vérifier cela de nombreuses fois. De guerre en guerre, et comme beaucoup de mes confrères, j'ai été rapidement pris de dégoût devant l'horreur des tueries et la démence originelle de la guerre. Il n'empêche ! Une part de moi-même continuait périodiquement à céder, ne serait-ce que quelques minutes, à son « attrait ».

---

* Edgar Morin, *Le Paradigme perdu : la nature humaine*, Le Seuil, 1973.

Les hommes (et certaines femmes) éprouvent devant la guerre le même vertige. On l'avoue rarement. Je l'ai fait dans un livre sur le sujet*. On peut détester la guerre, et être malgré tout troublé quand on l'approche de près. On a d'ailleurs oublié que, pendant des siècles, les humains – et parmi eux de grands écrivains – ont dit ou écrit qu'ils « aimaient » la guerre. Le contre-révolutionnaire Joseph de Maistre (1753-1821), franc-maçon parvenu aux grades les plus élevés du rite écossais rectifié, a pu clamer « la guerre est divine » dans son livre *Les Soirées de Saint-Pétersbourg ou Entretiens sur le gouvernement temporel de la Providence* (1921).

Cette phrase nous choque, mais je comprends qu'elle ait pu être pensée et écrite. Les gens qui avouaient « aimer parfois la guerre » (y compris Maurice Genevoix, grand écrivain de *Ceux de 1914*) savaient d'expérience l'horreur de la guerre, mais aussi qu'elle pouvait mobiliser la solidarité, l'entraide, l'abnégation, le respect, et d'autres vertus. Jadis, ces vertus étaient mises à l'honneur. Elles ne le furent plus après

* Jean-Claude Guillebaud, *Le Tourment de la guerre*, *op. cit.*

les hécatombes répugnantes de la Première et de la Seconde Guerre mondiale. Le XXe siècle a été ensanglanté par deux immenses massacres qui ont changé notre vision de la guerre.

Le paradoxe n'est pas si différent pour le genre animal. Certes, l'entraide est toujours préférée à la « compétition » (et la guerre est bien une « compétition mortelle »), mais les lions se battent avec acharnement, les loups exterminent les agneaux, les rapaces déchiquettent les petits mammifères, les singes cynocéphales d'Afrique (babouins) peuvent lyncher un intrus à coups de pierres. La plupart des animaux sauvages restent en éveil jour et nuit pour guetter l'approche d'un prédateur. Le monde animal demeure ainsi un univers où la violence côtoie l'entraide, et où l'agression voisine très souvent avec la douceur secourable.

Cette alternance est dangereuse. Vivre dans l'éveil permanent est épuisant. Pour pallier ce tourment et ce risque, nombre d'espèces inventent des comportements « ritualisés ». Chacun multiplie les grands gestes et les menaces grondantes afin d'éviter la logique infernale du combat à mort. Certains oiseaux gonflent même leur plumage pour paraître plus « gros » et décourager le rival.

J'ai longtemps pensé que cette dualité dégoût/fascination était une malédiction. Je crois aujourd'hui que c'est tout le contraire. La vie comme la survie sont tributaires d'un équilibre subtil entre l'entraide et la compétition violente. En cela, la nature est comparable à un mouvement d'horlogerie, mais en plus complexe. Chaque engrenage doit être à sa place et jouer son rôle. Qu'il s'agisse des animaux ou des plantes, tous assument une fonction spécifique. Et cela à tous les stades de la chaîne alimentaire. Prédateurs et proies y alternent et sont constitutifs de ce qu'on appelle un « écosystème ». Tout est interconnecté. Les chercheurs continuent de découvrir des formes ténues, et toujours plus complexes, de connexion entre proies et prédateurs. Ces réseaux sont parfois si étonnants qu'on doit réapprendre périodiquement à les définir.

Les meutes de loups chassées ou espérées ?

Les études conduites dans l'immense parc national de Yellowstone aux États-Unis (neuf mille kilomètres carrés), à cheval sur les trois États du Wyoming, du Montana et de l'Idaho, illustrent le phénomène. On y a étudié la fonction assurée par les loups. Quand ils furent sciemment exterminés comme à la fin du XIXe siècle et jusqu'au début des années 1920 où la dernière meute fut abattue, les éleveurs de moutons et de bovins purent se réjouir. Mais pas longtemps.

La multiplication anarchique des cervidés herbivores se révéla désastreuse pour le parc, dont plusieurs zones furent dévastées. Devenue désertique, la terre n'offrit plus rien à manger aux oiseaux. Ils dépérirent et certaines espèces disparurent. Les castors, eux aussi, furent privés de leur biotope et finirent par disparaître. On constata alors que les rivières, dont les rives n'étaient plus entretenues, sortirent de leur lit et l'érosion devint catastrophique. Ces conséquences se prolongèrent pendant plusieurs dizaines d'années.

En 1995, les responsables de Yellowstone décidèrent de réintroduire des loups capturés au Canada. Cette tentative se heurta à la résistance des éleveurs dont les propriétés jouxtaient les limites du parc. Ils firent tout ce qui était en leur pouvoir pour limiter la prolifération de ces loups canadiens. Avec succès, car leur nombre s'effondra. Ils n'étaient plus qu'une centaine en 2003. Puis le nombre augmenta de nouveau.

Chez nous comme ailleurs, la guerre que se livrent bergers et écologistes au sujet des loups est assez « naturelle ». Mais ses enjeux, d'une part comme de l'autre, sont parfois caricaturés. L'opposition entre les besoins des herbivores et ceux des carnivores n'est qu'un aspect de la question. Pour trouver le juste équilibre, il faut aussi compter avec les oiseaux, les castors, les wapitis (à Yellowstone), les poissons et les arbres. Les arbres ? Mais oui ! Les arbres eux aussi. Quand on multiplie les récoltes de bois dans une forêt, la lumière envahit les futaies et les plantes ou herbes comestibles pullulent. Les herbivores peuvent s'alimenter et leur quantité va s'accroître, au détriment des jeunes pousses d'arbres qui sont dévorées. L'évolution naturelle de la forêt sera ainsi stoppée.

Ajoutons que cette évolution est également contrariée par la protection que les vieux arbres offrent aux plus jeunes et dont j'ai parlé plus haut. Ces derniers, à l'abri du couvert des aînés, poussent très vite, et même trop vite. Ils produisent un bois moins dur et de moins bonne qualité. Ils sont surtout plus fragiles et plus vulnérables aux champignons.

Il existe une relation complexe entre les arbres et le sous-sol d'une forêt, y compris la nappe phréatique. Les forestiers savent que les arbres consomment beaucoup d'eau. Le promeneur, amoureux de la forêt, connaît rarement la quantité d'eau qu'un seul arbre est capable de pomper. Un hêtre adulte peut, révèle Peter Wohlleben, quand il est assoiffé par une chaude journée d'été, aspirer jusqu'à 500 litres d'eau du sol*. En revanche, le même arbre sera capable de recueillir la pluie qui coule ensuite sur ses branches et sur l'écorce. Elle peut ainsi s'infiltrer dans le sol au lieu de ruisseler à la surface et atteindre les profondeurs phréatiques. Un prêté pour un rendu.

La beauté du monde tient parole

Je pressentais depuis longtemps que ce livre serait le prolongement naturel de *Sauver la beauté du monde* (2019) et aussi une tentative

---

* Peter Wohlleben, *Le Réseau secret de la nature*, Les Arènes, 2019.

d'approfondissement. Deux ans plus tard, après quantité d'autres expériences et lectures, je comprends mieux pourquoi. Ce fragile équilibre « écosystémique » n'est pas seulement nécessaire à la vie vivante sur notre planète. Son raffinement, son infinie prévoyance sont d'une beauté bouleversante. Elle m'a personnellement troublé. Déjà, en découvrant le livre très ancien (1902) de Kropotkine, j'avais senti chez cet ancêtre perspicace comme une étincelle de joie et de bienveillance. Au passage, il donnait d'ailleurs de l'Antiquité et du Moyen Âge une image plus civilisée que celle que nous imaginons aujourd'hui. Il prenait le risque de paraître idéaliste et même naïf. Il le savait.

« J'ai laissé de côté, écrivait-il, les innombrables comportements égoïstes mais je savais que ces derniers avaient été présentés si longtemps comme "naturels" ou "exemplaires" qu'il fallait rétablir quelque peu l'équilibre*. » J'avais tenté de faire la même chose à propos de « la beauté du monde ». Il me semblait urgent de l'opposer aux constats justifiés mais ressassés de « l'enlaidissement du monde ». Je sais maintenant qu'il

* Pierre Kropotkine, *op. cit.*

en va de même pour la perfection troublante des écosystèmes. Ce mot, je l'ai appris, n'est pas une simple formule écologique.

C'est – surtout – une discrète déclaration d'amour.

4

Le lait de la tendresse humaine

« Il faut s'endurcir, sans jamais se départir de la tendresse. »

Che Guevara

Une fois encore, le titre de ce chapitre est emprunté à Shakespeare (*Macbeth*, 1605, acte I, scène v). J'aime la formule utilisée par Lady Macbeth. Mais il existe des centaines d'autres formules qui valorisent poétiquement la tendresse. Rien d'étonnant à cela. C'est un besoin universel, un manque dont chacun garde l'appel au fond de lui-même. J'y suis sensible même si je préfère, de loin, le concept de douceur. Je dirai pourquoi je passe d'abord par la tendresse. Au IIe siècle de notre ère, le poète satirique romain Juvénal s'exprimait sur le même ton que Che Guevara : « La tendresse du cœur, c'est ce que la nature reconnaît aux hommes en leur accordant les larmes ; c'est la meilleure part de nos sentiments. » Ce besoin universel, Georges Bernanos l'évoquait à sa façon : « Que ce monde a besoin de tendresse ! Le jour va venir où il donnera volontiers toute sa puissance et tout son or pour un peu de clairvoyance et de douce pitié*. »

Je ferai quand même deux remarques moins enthousiastes. D'abord, le mot « tendresse » est galvaudé. Il devient poncif, lieu commun. Des livres, des chansons, des films reprennent ce refrain de façon mièvre. L'évocation de la tendresse ne l'est pas souvent avec l'exigence et la clarté qui devraient s'imposer.

Un exemple : en 1997, à l'initiative d'un certain Gérald Pagès, un « Festival Tendresses » avait été créé, d'abord en Camargue. En 2002, d'autres villes ou régions se sont associées et ont ensuite accueilli chaque année quelques centaines de participants venus écouter des conférences. Pour son créateur, le Festival Tendresses devenait une référence et « le rendez-vous incontournable de la psychologie en France » (*sic*).

En lien avec ce festival, *Le Grand Livre de la tendresse*** a été publié en 2002. C'est un recueil de

---

* Georges Bernanos, écrit à Barbacena (Brésil) le 2 février 1941, *Correspondance*, vol. II, Plon, 1971.

** Gérald Pagès, *Le Grand Livre de la tendresse*, Albin Michel, 2002.

textes écrits par des célébrités, notamment Juliette Binoche, Boris Cyrulnik ou Marie de Hennezel, et de nombreux médecins et psychiatres. Depuis quelques années, on n'en parle plus guère, mais tout cela avait fait éclore des imitations. Je n'ironiserai pas sur ces bonnes volontés, même si, comme on dit, l'enfer est parfois pavé de bonnes intentions. Plaider pour la tendresse, n'est-ce pas toujours bon à prendre ? Je crois que oui.

Il n'y a d'ailleurs pas que des sottises dans ce « grand livre ». Jacques Salomé, qui passe pour un spécialiste de la question, y fait cet aveu méritoire : « C'est seulement à l'âge de trente-cinq ans que j'ai pris conscience d'une partie trop méconnue de moi : ma féminitude. J'avais jusqu'alors complètement oublié que j'étais porteur de tendresse. [...] Je ne savais pas que j'étais, comme chacun d'entre vous, un véritable soleil de tendresse, une véritable pile atomique de bienveillance gratuite [*sic*]. » Ce même Jacques Salomé est déjà l'auteur de quatre livres différents sur la tendresse. Doit-on attendre les suivants ?

Dans sa brève introduction, la comédienne Juliette Binoche esquisse quant à elle un aveu plus ponctuel, mais qui nous parle : « Même quand je monte dans ma voiture *pour rejoindre* le trafic, je peux me mettre dans une “sensation tendre” – celle de faire partie du monde – et dans le désir de résonner harmonieusement avec les autres et ça se sent tout de suite. »

Je dois dire que j’ai personnellement reçu avec plaisir ces lignes. Il m’arrive, à moi aussi, d’être brusquement en « sensation tendre ». Je capte celle d’inconnu.es que je croise. Et je me sens disposé plus que jamais à la douceur. Dans ce moment-là, j’ai l’impression d’entrevoir l’existence d’un autre monde habitable, une autre façon de vivre. Plus calme. Plus ouverte. Moins combative. Mais aussi plus attentive à ceux que j’aime et aux autres, moins cadenassée par un impératif, puis un autre, encore un autre, etc. Ce moment est bref. Mais il se répète. Rien n’est jamais perdu. Et la tristesse s’en va toute seule.

Le meilleur des textes du *Grand Livre de la tendresse* reste celui de l’essayiste et romancière Christiane Singer (disparue en 2007). Elle n’y parle pas directement de la tendresse. C’est une réflexion sur les deux exigences contraires : l’engagement fidèle et la liberté assumée, réceptacle double mais idéal, ajoute-t-elle, d’une vraie tendresse.

Quant à Marie de Hennezel, c'est dans un autre livre qu'elle a publié son vrai texte sur la tendresse. J'en donne un court extrait : « Que faisons-nous quand nous sommes tendres ? Quand je regarde avec tendresse les petites pousses vertes sur les branches des arbres ou le visage d'un enfant endormi, quand je tiens dans mes mains la main d'un malade, comme on tiendrait un oiseau blessé, qu'est-ce que je fais ? Qu'est-ce que je sens ? Un élan du cœur qui se met en mouvement vers le bas, un mouvement qui fait se pencher, je tends la main, je sens une ouverture, une dilatation en moi, j'ai l'impression de me fondre dans quelque chose de plus vaste que moi*. »

Rien n'est plus aisé que de collationner des références originales et fortes concernant la tendresse (y compris dans d'autres cultures que la nôtre). Le maître du bouddhisme tibétain Chögyam Trungpa (disparu en 1987) associe la tendresse au courage. « Le véritable courage, écrit-il, est le produit de la tendresse. Il survient lorsque nous laissons le monde effleurer notre cœur, notre cœur si beau et si nu.

---

* Marie de Hennezel et Philippe Button, *Et si vieillir libérait la tendresse...*, Old-up Press, 2019.

Nous sommes alors disposés à nous ouvrir, sans résistance ni timidité, et à faire face au monde. Nous sommes disposés à partager du cœur avec les autres*. » L'écrivain tchèque Milan Kundera pense de son côté que « la tendresse prend naissance à l'instant où nous sommes rejetés sur le seuil de l'âge adulte et où nous nous rendons compte avec angoisse des avantages de l'enfance que nous ne comprenions pas quand nous étions enfants** ».

L'ouvrage le plus inattendu qui évoque moult fois la tendresse est sans aucun doute le recueil des lettres et billets échangés entre Mme de Maintenon et ses deux amies, Mme de Caylus et Mme de Dangeau, durant les dernières années du règne de Louis XIV et les débuts de la Régence. Ces échanges font apercevoir l'intimité de ces femmes discrètement solidaires de Mme de Maintenon, la presque reine, puisque celle-ci occupe une fonction délicate auprès du Roi-Soleil sur la scène dangereuse de Versailles***.

---

* Chögyam Trungpa, *Shambhala. La voie sacrée du guerrier*, Le Seuil, 1990.

** Milan Kundera, *L'Art du roman*, Gallimard, 1986.

*** Pierre E. Leroy et Marcel Loyau, *L'Estime et la Tendresse*, Albin Michel, coll. « Histoire », 2000.

Un seul extrait de ce livre volumineux (sept cents pages !). Je le tire d'une lettre de Mme de Maintenon à Mme la marquise de Dangeau. « Vous me demandez des conseils, Madame ; vous avez une famille assez étendue pour vous en donner de meilleurs que les miens, et votre bon esprit pourrait vous suffire. Pour moi, Madame, je suis toujours pour les moyens de douceur. Si M. de Courcillon n'entend plus raison, si la tendresse n'a plus de pouvoir sur lui, par où peut-on le prendre ? Quand vous accepterez, Madame, que le Roi sache tout, je pleurerai de tout mon cœur avec vous. Il faut jusque-là se contraindre, car on me ferait des questions qui me forceraient à tout dire. Mais je vous attends pour dîner. Nous nous mîmes hier au soir au jeu toutes trois ayant les larmes aux yeux ; nous ne laissâmes pas de nous amuser dans la suite. »

Toute une époque se révèle dans ces échanges entre trois marquises familières de la Cour et de ses perfidies : le début du XVIIIe et les orages guerriers qui approchent, la langue française dans sa plus éblouissante perfection, le ton primesautier et la frivolité moqueuse qui percent dans chaque lettre de ces dames. Tout cela est agréable à lire, bien sûr, mais on peut aussi préférer un ton plus poignant et plus vrai.

Je pense à celui de l'écrivain et résistant français Jacques Decour (de son vrai nom Daniel Decourdemanche), fusillé par les nazis le 30 mai 1942 au fort du Mont-Valérien après trois mois d'interrogatoires et de tortures, en représailles d'un attentat commis au Havre le 23 mai. Ce jeune homme issu d'une riche famille avait adhéré au parti communiste. Il avait trente-deux ans. Juste avant de mourir, il envoya une lettre déchirante à ses parents. J'en ai choisi un court extrait dans lequel il évoque la tendresse.

Savons-nous encore bien nous consacrer à la tendresse ?

« Maintenant nous nous préparons à mourir les uns et les autres… On se prépare, on songe à ce qui doit venir, à ce qui doit nous tuer sans que nous puissions avoir un geste de défense… C'est bien le moment de nous souvenir de l'amour. Avons-nous assez aimé ? Avons-nous passé plusieurs heures par jour à nous émerveiller des autres hommes, à être

heureux ensemble, à sentir le prix du contact, le poids de la valeur des mains, des yeux, des corps ? Savons-nous encore bien nous consacrer à la tendresse ? Il est temps, avant de disparaître dans le tremblement d'une terre sans espoir, d'être tout entier et définitivement amour, tendresse, amitié, parce qu'il n'y a pas autre chose. Il faut jurer de ne plus songer qu'à aimer, aimer, ouvrir l'âme et les mains, regarder avec le meilleur de nos yeux, serrer ce qu'on aime contre soi, marcher sans angoisse en rayonnant de tendresse. »

*Jacques Decour**

Hélas, si des milliers de personnes ont évoqué par écrit la tendresse, très rares sont celles qui se sont intéressées à son contenu profond. Que reflètent exactement le concept de tendresse et sa pratique ? L'une des plus belles réflexions à ce sujet est celle du théologien et ami Maurice Bellet, disparu en avril 2018 à l'âge de quatre-vingt-quatorze ans. C'est d'abord à lui que ce livre

* Voir Pierre Favre, *Jacques Decour. L'oublié des Lettres françaises*, © Farrago, 2002.

sur la douceur veut rendre compliment. Et justice. S'il vivait encore, je suis sûr que nous aurions discuté pendant des heures de la différence fondamentale qui sépare tendresse et douceur.

Au début de son ouvrage *La Voie. I. En quête de haute tendresse*, il explique que « la *Voie* est nécessaire à l'homme, autant que l'air ou la nourriture. Elle tire l'homme hors de la détresse ». « La Voie est tendresse, ajoute-t-il, mais la tendresse de la Voie n'est pas ce que nous nommons ordinairement tendresse. Aucun nom commun ne la nomme. On ne peut ni la décrire, ni l'apprendre, ni l'enseigner. [...] La tendresse est grâce : elle ne force rien, elle ne se raidit pas par devoir et volonté, elle ne s'impose pas, elle n'envahit pas la vie des autres, elle ne larmoie pas, elle ne disserte pas, elle n'explique pas. Elle est simplement là, ferme et agissante, bon espace libre où respirer, nourriture première du cœur des vivants*. »

Cette tendresse n'a rien à voir avec l'illusion des bons sentiments. Je voudrais redire ici pourquoi ce théologien, docteur en philosophie et en

---

* Maurice Bellet, *La Voie. I. En quête de haute tendresse*, © Desclée de Brouwer, réédité par Albin Michel en 2018.

théologie, également formé à l'écoute psychanalytique, a tant compté dans ma vie. Je l'ai d'abord lu avant de devenir son ami. Peu de temps auparavant, j'avais publié un petit livre très personnel : *Comment je suis redevenu chrétien**. L'intelligence de Maurice Bellet, sa liberté de pensée, sa générosité ont rassuré l'homme inquiet que j'étais encore.

J'ai été enflammé par ses pages sur la tendresse, même si je préfère d'ordinaire parler et écrire sur la *douceur*. Le mot me touche davantage. Je le trouve plus ample, plus lumineux… Il signale une configuration éblouissante de l'esprit et de l'âme. Le simple mot « douceur » m'émeut et me trouble. C'est donc sur elle que je veux réfléchir et écrire encore. Je suis certain que l'ami Maurice aurait compris ma préférence. Il avait d'ailleurs publié en 1988 un livre qui en fait foi : *L'Épreuve ou le tout petit livre de la divine douceur***. Je m'autorise donc à convier « sa » tendresse à la table de « ma » douceur.

---

* Jean-Claude Guillebaud, *Comment je suis redevenu chrétien*, Albin Michel, 2007.

** Maurice Bellet, *L'Épreuve ou le tout petit livre de la divine douceur*, Desclée de Brouwer, 1988.

Lui rendre hommage, oui, mais comment? Formuler ce respect est une tâche difficile, même quand elle obéit aux meilleures raisons: amitié, admiration, reconnaissance. En lisant Maurice Bellet sur la tendresse, j'ai pris tellement de notes, j'ai été si souvent captivé, que je voudrais m'en faire l'apôtre, le missionnaire, le messager. Surtout pour celles et ceux qui n'ont jamais entendu parler de lui. Pour cela, il faut essayer de proposer une synthèse, un résumé, une paraphrase de ses réflexions. C'est d'une folle témérité, tant pis! Je m'y risque.

En quête de haute tendresse

Pour Maurice, la tendresse entend d'abord hurler la détresse. Si fort! Cette clameur inhumaine que la sage raison ou la « bonne volonté » ne peuvent entendre. Il faut être armé d'une solide force d'âme pour ne pas être terrifié par ce cri, ou s'enfuir aussitôt très loin. Ce cri vient de ce que Maurice appellera plus tard « l'en-bas ». Dans un livre ultérieur, *La Traversée de l'en-bas**, il rappellera aux chrétiens souvent oublieux que

* Maurice Bellet, *La Traversée de l'en-bas*, Bayard, 2015.

« c'est d'abord à cet en-bas – là où sont exilés les plus pauvres, les exclus, les condamnés, les mauvais larrons ou les malades – qu'est destiné le message évangélique ». Et la Bonne Nouvelle, et donc l'espérance.

Il ne suffit pas de se préoccuper des pauvres, si l'on n'est pas capable de les rejoindre, de les aimer et de partager leurs pensées à défaut de leur vie. La pauvreté n'est pas une simple affaire de statistiques ou d'un seuil de misère évaluable en billets de banque. Elle est d'abord, je l'ai dit plus haut, blessure, humiliation, détresse.

Sur ce sujet, ne restons jamais à la surface des choses, comme nous le faisons souvent. Et même si nous prenons l'habitude d'appeler cela l'« objectivité ». Il est vrai que lorsqu'on n'est plus à la surface, il n'y a plus de connaissance neutre, détachée, administrative. Comprenons que la haute tendresse est *le décentrement radical qui touche l'homme au plus fragile de son attachement.* Fragile, oui ! Mais l'existence devient difficile à vivre et même à comprendre quand le décentrement nous délie de cet attachement qui nous tient lieu d'identité. Nous cherchons tous à voir notre détresse soutenue, justifiée par une cause, n'importe laquelle. « Même la culpabilité est, à cet égard, satisfaction : elle donne à la détresse de quoi se loger. »

Or la haute tendresse déloge brutalement de ce lieu-là. Elle inaugure « l'ailleurs de tout ». Dans cet ailleurs, l'homme ne porte qu'une mesure infime de tendresse. Il n'en est pas le véritable maître. La tendresse n'est jamais sa « propriété » ni son refuge. Elle ne peut œuvrer, pour lui et en lui, qu'au jour le jour, et à petite dose. C'est déjà beaucoup.

La tendresse sauve tout

« Le lieu de la tendresse n'est pas les discours ou la pratique affichée ou le sentiment ou la conscience. [...] La tendresse est le réel, c'est les choses et les gens, c'est le visage du monde, la mémoire, le rêve et le poids des jours. C'est la table servie, le vin versé, les convives, la parole entre eux, la paix. C'est la lumière entre les arbres, au commencement du matin. C'est le souffle profond, quand vient l'heure du soulagement et de la vérité. C'est le corps aimant, c'est la

marche au bord de la mer, c'est la veillée à la maison, c'est le premier jour et la cent millième fois. C'est la foule et le solitaire, c'est le travail, c'est la douleur, c'est la détresse elle-même : car la tendresse sauve tout. »

*Maurice Bellet**

Alors, dit-il encore, on parvient à surmonter la tristesse, avec tout ce qu'elle nourrit, la faute, la cruauté, la faim « emmurée ou éperdue ». Ainsi tombent de leur hauteur imaginaire les puissances qui nous séparent de la haute tendresse et pèsent sur nous de tout leur poids. Pensons aux grands pouvoirs installés, le « toujours su et ses évidences, la séduction des violents, les terreurs manifestes et les terreurs cachées ».

L'expression de Maurice Bellet est violente, sans compromis. Elle exige parfois plusieurs lectures, comme on le fait pour un poème tout juste découvert. On craint de ne pas le comprendre comme il faudrait, d'en rester à la course des mots et des phrases, de trahir l'auteur. Puis arrivent soudain trois lignes qui nous éclairent et nous

* Maurice Bellet, *La Voie. I. En quête de haute tendresse*, *op. cit.*

apaisent. Celles-ci par exemple : « Telle est la tendresse qu'un seul instant de l'univers suffirait à sa joie éternelle. Et tout l'univers peut tenir en une feuille ou une goutte d'eau ; et toute la tendresse peut être en la lumière d'un seul matin sur un visage [...]. »

Il précise ce qu'il ressent lui-même. « La haute gaieté de la tendresse chante aux bords du monde et en son cœur. Le chant s'élève : l'univers est délivré. » Puis il ajoute : « Si la tendresse descend en la détresse jusqu'au fond et la traverse, elle n'est pourtant que gaieté. Elle est le matin, la clarté, le souffle vif, l'abondance, l'eau nourrissante, la danse humaine sous le soleil de justice. Elle est telle, quand elle s'enfonce dans les ténèbres infinies de la détresse. »

La tendresse, en somme, est aussi « révolutionnaire » que la douceur.

Combien de fois ai-je quitté un texte de Maurice Bellet, empli de joie et de crainte ? N'avais-je pas déformé sa pensée en voulant (trop ?) la comprendre, au lieu de laisser chanter les phrases ? Cet embarras m'occupait jusqu'à ce que la lecture continuée m'apporte non pas « une » mais « la » réponse. « La tendresse est une autre raison. Mais quoi ? Sans calcul et sans arguments ? Où est son pouvoir ? En ceci : elle crée, elle enfante l'autre monde. » Vient alors l'objection troublante : la tendresse, bien sûr, veut ce que veut la loi de justice. Mais la loi peut être le repaire de la cruauté, et de « l'ordre », meilleur argument d'une cruauté pire : on voit ça tous les jours.

On ne peut pas dire que la tendresse veut la fin de la cruauté, ou la prépare, ou y travaille, ou en disserte ; *parce qu'elle est cette fin.*

Trois ans après !

En ce début d'année 2021, cela fait trois ans que l'ami Maurice s'est éteint. On connaît la formule : ceux qu'on aime ne nous quittent jamais. Il est parti, mais périodiquement je suis ramené vers lui. Je l'avais retrouvé six jours après sa mort, boulevard Raspail, à la « maison Marie-Thérèse » où il vivait. Nous fûmes plusieurs dizaines de ses proches lecteurs ou amis réunis.

Il y avait des théologiens, des éditeurs, des pensionnaires de cet Ehpad. On a lu des textes de lui. La cérémonie était adoucie, riche d'admirations partagées et de fidélité. À l'écoute de ces textes, il me semblait découvrir d'autres facettes de la pensée de Maurice Bellet, des formules que j'ignorais, une force intérieure dont j'avais mal évalué la puissance.

Le même jour, je m'en souviens, j'avais trouvé sur mon bureau du Seuil un livre tout juste imprimé : *Mai 68 raconté par des catholiques**. C'était comme un message envoyé de là-haut. Ce recueil, publié à l'occasion du cinquantième anniversaire des événements de Mai, s'achève sur une postface signée « Maurice Bellet, prêtre et théologien ». Ces pages, titrées « L'aurore d'un désir nouveau », seront donc le dernier texte publié par Maurice de son vivant. Et elles parlent d'aurore plutôt que de crépuscule ; de désir, de vie et d'espérance et non de disparition. Il s'agit maintenant, est-il écrit, « de rouvrir des chemins perdus, c'est-à-dire ouvrir des chemins inédits

* Collectif, *Mai 68 raconté par des catholiques*, Temps Présent, 2018.

dans l'énorme mutation qui de toute façon est en cours* ».

La présence invisible de Maurice Bellet ne s'est pas arrêtée là. J'avais commandé la nouvelle édition d'un court texte du théologien : *Dieu, personne ne l'a jamais vu*. Mais dans cette édition en format poche, l'éditeur avait ajouté un *Essai sur la violence absolue*, déjà publié en 2009 sous le titre *Je ne suis pas venu apporter la paix*. Je n'avais pas lu ce dernier texte. Sa découverte m'a impressionné par sa puissance, et son implacable actualité.

« L'être-là des humains, écrit-il, est menacé car ce qui lui donne assurance et consistance peut toujours être détruit. Il s'agit de violence. Mais qu'est-ce que la violence ? » Dès le début de ce texte, l'espérance du théologien et psychanalyste est là, comme glissée entre deux paragraphes. Exemple : « On peut même parler d'une "bonne violence" ou d'une "violence bienveillante et bienfaisante", quand l'énergie vitale s'emploie à créer, aider, combattre le mal, défier l'injustice… »

---

* Maurice Bellet, postface, « L'aurore d'un désir nouveau », *Mai 68 raconté par des catholiques*, *op. cit.*

Deux ans auparavant, Maurice Bellet me parlait encore des livres qu'il avait à publier, et de sa peur de ne plus avoir assez de temps ou assez de force pour les écrire. Je lui retourne mentalement la même formule : je vais tâcher de lire ceux de ses livres que je ne connais pas encore ou trop mal. Ils sont nombreux. Nous ne sommes pas près de nous quitter…

Durant les dernières années de sa vie, nous avions pris l'habitude de déjeuner ensemble une ou deux fois par trimestre. Ces libres conversations m'en ont autant appris que la lecture de ses livres. C'étaient de grands moments de ressourcement spirituel. Ils ont contribué à tenir ma foi debout. Au cours d'un des derniers déjeuners, le 16 mai 2017, nous avions réfléchi ensemble au rapport compliqué que nous entretenions avec l'Évangile. Mais pourquoi compliqué ?

Je n'ai pas oublié sa réponse. À force d'en revenir au texte évangélique et aux épîtres de Paul, m'avait-il dit, à mettre ces lectures et relectures au cœur de nos liturgies, *nous risquons de fétichiser ce qui est écrit.* Dans ce cas nous serons tentés d'en faire une lecture littérale, figée, immuable, comme s'il s'agissait d'un texte gravé dans le marbre. Ou dicté par Dieu. Pour parler comme les musulmans littéralistes, nous en viendrions ainsi à « fermer les portes de l'interprétation ». Et ce serait une catastrophe.

Tous les chrétiens n'en sont pas là, certes, mais nous sommes quelquefois plus attachés à la lettre qu'à l'esprit, à la formulation qu'au message. D'où cet effet de récitation, de répétition, de psalmodie monotone qui appauvrit notre lecture. Et rend souvent la messe ennuyeuse. Procédant ainsi, nous finissons par oublier que l'origine des Évangiles est orale. Il s'agit des paroles du Christ recueillies par Marc, Luc, Matthieu et Jean. Leur statut ontologique est celui d'un verbe, d'un propos oral. Le message évangélique n'est pas « écrit » ni dicté par Dieu comme le Coran, mais annoncé par Jésus et transcrit tant bien que mal par les évangélistes.

Confrontés à une parole, m'expliqua Maurice Bellet, nous sommes forcément plus proches de l'esprit que de la lettre. On ne peut pas se conformer de manière rigide au texte, ni lui obéir. Il s'agit de s'en *inspirer*, ce qui est infiniment plus riche, plus vivant. À la différence d'un texte, une parole n'est jamais séparée de la vie, « dans le mouvement infini de la parole et de l'écoute ».

Elle s'adresse à l'autre, suscite l'échange, la discussion, la relation.

Elle est vivante depuis deux mille ans.

Pour cette raison, l'Évangile n'est pas un livre qui aurait été interprété une fois pour toutes. Ce n'est pas un savoir intellectuel, ni une érudition contente d'elle-même. Comme toute expérience humaine, sa lecture revit chaque fois d'une manière nouvelle. Comme la parole qu'on écoute, le texte évangélique n'a jamais le même grain, le même accent. Depuis l'origine, cette parole rebelle défie la mise en cage. Elle demeure subversive et susceptible de menacer les valeurs reçues ou surtout imposées.

Nous sommes quelques-uns à penser qu'en toute logique une meilleure place aurait dû être faite au théologien Maurice Bellet dans le débat public. Je tiens le pari suivant : on s'apercevra un jour ou l'autre qu'il aura été l'un des très rares intellectuels à jeter les fondements d'un « autre » christianisme. Lucide, généreux, rénové, ce christianisme serait enfin accordé à la modernité dans ce qu'elle a de meilleur. Face aux peurs et aux blocages dogmatiques, il rendrait aux chrétiens leur confiance et leur joie devant l'avenir.

Il les aiderait à sortir de cette confusion morale où les principes se dissocient de la réalité.

Paradoxalement, la réflexion novatrice de Maurice Bellet n'a pas été très bien reçue par la hiérarchie cléricale. Trop troublante, trop « dangereuse », car possiblement contaminée par la psychanalyse. En outre, l'un de ses premiers livres s'appelait *Le Dieu pervers** (1979), un titre qui en avait épouvanté plus d'un. Il suffit de le relire aujourd'hui pour se rendre compte qu'il était simplement clairvoyant. La question qu'il posait était pertinente. Le Dieu amour est-il en fait un Dieu qui aime la souffrance et se plaît à pervertir les relations qu'il a avec l'homme ? Causant des ravages extrêmes parmi les chrétiens, cette dérive fut sans doute une des causes du rejet de la foi par beaucoup.

Maurice voulait aussi répondre aux « paroles terribles, venant de gens croyants, pieux, dévoués et qui donnaient du christianisme et du Christ même une image insoutenable de cruauté et de mensonge**. » Le surmonter suppose une écoute

---

* Maurice Bellet, *Le Dieu pervers*, réédité en poche par les éditions Desclée de Brouwer en 2018.

** *Ibid.*

neuve et radicale de l'Évangile. Celle que lui-même n'a cessé de recommander. Parfois en vain, mais pas toujours.

J'ai rencontré un évêque de l'est de la France qui, à table, m'avait « ordonné » de ne plus parler de Maurice Bellet. Je sais, moi, qu'il a ramené plus d'hommes et de femmes à la foi chrétienne que n'importe quel prélat colérique.

Partager ce qui nous est donné

Aujourd'hui, je profite de la moindre occasion pour partager ce que j'ai reçu. De Maurice Bellet, bien sûr, mais aussi de quelques autres. Je repense parfois à l'idée de collection que nous avions eue avec Jean Lacouture au Seuil. En réponse à la fameuse collection de Grasset qui s'appelait « Ce que je crois », nous voulions en baptiser une « Ce que je dois ». Chaque auteur y évoquerait ce qu'il a reçu de ces auteurs, amis, poètes, peintres ou compositeurs qui l'ont aidé à être ce qu'il est. Ce serait une façon d'éloigner le narcissisme ou même l'égotisme qui menace chaque écrivain, moi le premier. Comme cela arrive souvent dans l'édition, ce projet plébiscité par tous s'est noyé hélas dans les sables mouvants de la routine.

Parmi tout ce que j'ai reçu de Maurice Bellet, ou que son œuvre m'a fait comprendre, je dois citer la récurrence d'un scandale auquel l'éditeur que je fus ne s'est jamais habitué. Une réflexion comme la sienne aura été ignorée, rejetée ou même dénigrée pendant des années, y compris par la confrérie des « critiques littéraires » dont la mission est théoriquement d'ouvrir l'œil. Il est vrai que cette réflexion ne pesait pas lourd, au regard de la grosse artillerie des « modes », des best-sellers, des talents éphémères, des succès « fabriqués » dont la rumeur couvre souvent la voix modeste des créateurs.

Mais je dois à Maurice une autre et douce leçon, de loin la plus forte. Elle consiste à rester fidèle à soi-même, à ses convictions et ses projets, même s'ils remontent à l'enfance. Toute modération de langage respectée, cette invitation n'est jamais sans rapport avec l'idée de sainteté. Oh ! certes, il protesterait s'il lisait ces lignes. Il refuserait d'être comparé à un saint. Il n'empêche ! Cette persévérance pacifique, cette fidélité, cet « esprit d'enfance » sont des composantes de la foi chrétienne. Et non des moindres.

Dans un tout petit livre consacré à Jeanne d'Arc, *Jeanne relapse et sainte*, publié en 1929, Bernanos avait parlé de la sainteté. À l'époque, il avait été impressionné par la lecture du dossier de canonisation de la Pucelle d'Orléans. Ladite canonisation fut prononcée par le pape Benoît XV le 16 mai 1929. C'est donc une (très jeune) sainte que Bernanos évoque. Dans ce livre-poème, il dépeint une petite fille résolue, moqueuse et tendre, face à des prélats qu'il ne ménage jamais. Ils incarnent, il est vrai, une Église ossifiée, procédurale, quasiment éteinte.

À son sujet, Bernanos ne prend pas de gants. Il ironise sur cette brochette de « gros hommes repus, somnolents », « gonflant les joues », « ronronnant comme des chats », « s'endormant en laissant aller un petit rot ». Face à eux, la fraîcheur d'esprit de Jeanne est lumineuse. Il faut rappeler qu'au moment de son procès à Rouen, au printemps 1431, celle qui sera brûlée vive le 30 mai n'a que dix-neuf ans. Elle en avait à peine dix-sept quand elle libéra Orléans.

L'expression « notre Église est l'église des saints » revient comme une scansion vigoureuse dans ce texte. « Car l'heure des saints vient toujours, ajoute-t-il. Pour être un saint, quel évêque ne donnerait son anneau, sa mitre, sa crosse, quel cardinal sa pourpre, quel pontife sa robe blanche, ses camériers, ses suisses et tout son temporel ? Car la sainteté est une aventure ; elle est même la seule aventure. »

Un peu plus loin, il ajoute : « Qui l'a une fois compris est entré au cœur de la foi catholique. » En cela, évoquer l'esprit d'enfance ou la sainteté est une autre façon de qualifier l'espérance. C'est-à-dire un grand et noble projet de vie. Pensons à la magnifique injonction attribuée au poète Friedrich Hölderlin : « Que l'homme tienne ce que l'enfant a promis. »

J'ai relu des dizaines de fois ce texte sur Jeanne. Je reviendrai plus loin sur la Pucelle d'Orléans. Bien sûr, Bernanos n'écrivait pas comme Maurice Bellet. Mais à mes yeux quelque chose les réunissait. Si j'ajoutais un troisième nom, celui du protestant Jacques Ellul, je rassemblerais trois de mes pères spirituels. Ce serait bien le diable si, avec le secours de chacun d'entre eux, la foi du chrétien parfois médiocre que je suis ne tenait pas le coup.

5

Douceur chrétienne et trahison cléricale

« Il faut dompter la vie par la douceur. »

Jules Renard*

* Jules Renard, *Journal*, Éditions Bernouard, rééd. Actes Sud, coll. « Babel », 2004.

Autant que la tendresse, c'est la douceur qui est le cœur vivant du christianisme. Dostoïevski, dans *L'Idiot*, parlait du « terrible pouvoir de la douceur ». André Beauchamp, lui aussi théologien, écrivait dans la revue *Christus* : « C'est le chemin de la douceur qui est notre avenir. » Oh que oui ! En réalité, les contempteurs du christianisme dénoncent toujours l'Inquisition, les croisades ou les guerres sacrées. Ils ont factuellement raison, mais sont décalés par rapport à la vérité historique. Depuis les polémistes antichrétiens de l'Antiquité – à commencer par Celse, philosophe romain du IIe siècle –, *c'est surtout sa douceur et son pacifisme qu'il reprochait au christianisme.* À cause de cela, les chrétiens, ajoutait-il, mettent en péril l'Empire romain.

Celse, qui écrivit son livre *Discours véritable* à la fin du IIe siècle, considère le christianisme comme une déviance du judaïsme. Il a lu quelques livres de l'Ancien Testament et du judaïsme hellénisé (la *Septante*, c'est-à-dire la Bible hébraïque traduite en grec, au IIIe siècle avant notre ère), ainsi que l'Évangile de Matthieu. Caractérisant, comme c'est alors l'usage, un peuple par ses traditions religieuses, il approuve le culte des images, les rituels et les repas sacrés. Il laisse entendre qu'il regrette l'abstention « civique » des chrétiens et leur demande de s'engager davantage dans la vie de la cité et de l'Empire.

Ce *Discours véritable* de Celse est le premier texte à engager le débat sur les croyances fondamentales du christianisme, par exemple l'incarnation divine (qu'il considère comme une dégradation) et la résurrection. Pour le reste, Celse se moque de la prétendue originalité de la foi chrétienne. À ses yeux, le Christ n'a fait qu'imiter les divinités antiques ; sa « résurrection » est comparable aux apparitions et disparitions « magiques » des héros grecs. Mais l'on ne fait pas encore porter le débat sur la notion même de « religion ». Au IIe siècle et au début du IIIe, les polémistes évacuent la question. De leur point de vue, le christianisme n'est qu'une « superstition » de plus*.

La critique du pacifisme chrétien sera reprise par Machiavel au XVe siècle. Il acceptait mal que le christianisme rende les peuples plus faibles, les amollisse et ne les dispose pas au patriotisme. C'est pour cela qu'il le jugeait dangereux. Plus près de nous, Charles Maurras pouvait se dire « catholique mais athée », car il tablait sur l'Église pour tenir la société en ordre, mais se désintéressait du message évangélique. Du moins jusqu'à ses derniers jours. Aux portes de la mort, il « redevint » pleinement chrétien, lui aussi.

J'ai passé des années à essayer de m'y retrouver dans cet embrouillamini de critiques, d'éloges et de fois ébranlées. C'est Bernanos qui m'a aidé à comprendre qu'il fallait simplement disjoindre la douceur chrétienne de la trahison cléricale. Lui-même, un des plus grands écrivains chrétiens, demeura hostile à toute forme de cléricalisme. Aujourd'hui, les poètes que je citais

---

* Concernant Celse, je reprends les analyses de Marie-Françoise Baslez, *Comment notre monde est devenu chrétien*, CLD, 2008.

dans l'avant-propos savent mieux que quiconque que la grandeur de Dieu tient à sa faiblesse. Jean Sulivan, dans *Le Voyage intérieur**, écrit : « Dieu est faible dans le monde, voilà le scandale qu'ils n'acceptent pas. »

Ce constat et ces lectures m'ont aidé à faire retour au christianisme dont je m'étais éloigné. À l'époque (2005), je n'avais aucun conflit avec l'Église, ni aucun ressentiment à son endroit. La foi s'était simplement détachée de moi, comme cela avait été le cas pour beaucoup de chrétiens de ma génération. Quant à la douceur, certains auteurs non chrétiens en ont fait l'éloge avec intelligence. C'est le cas de la psychanalyste Anne Dufourmantelle, disparue en juillet 2017, et dont je cite ici quelques lignes.

Puissance de la douceur

« La douceur est une énigme. Incluse dans un double mouvement d'accueil et de don, elle apparaît à la lisière des passages que naissance

* Jean Sulivan, *Le Voyage intérieur*, Plon, 1958.

et mort signent. Parce qu'elle a ses degrés d'intensité, parce qu'elle a une force symbolique et un pouvoir de transformation sur les êtres et les choses, elle est une puissance. En écoutant ceux qui viennent me confier leur détresse, je l'ai entendue traverser chaque expérience vécue. En méditant son rapport au monde, il apparaît que son intelligence porte la vie, la sauve et l'accroît. »

*Anne Dufourmantelle**

Mais il faut bien clarifier ses idées avant d'aborder la question – empoisonnée – de l'anticléricalisme. Il en est de deux sortes. Au XIXe et au début du XXe siècle, l'anticléricalisme fut en vérité *un rejet du christianisme lui-même*. C'est à quoi on se réfère quand on définit la IIIe République comme anticléricale. En revanche, il existe aujourd'hui un anticléricalisme chrétien radicalement différent. Attaché au message évangélique, il accepte mal les dérives « cléricales » et institutionnelles de l'Église catholique. En faisant cela,

---

* Anne Dufourmantelle, *Puissance de la douceur*, © Payot & Rivages, coll. « Manuels Payot » 2013.

elle en arrive à oublier la primauté du message évangélique.

Voyons les choses d'un peu plus près. Concernant la République anticléricale (et antichrétienne), j'ai eu la chance de rencontrer, puis de lire attentivement les travaux d'une historienne spécialisée, Jacqueline Lalouette. Nous avions reçu, en commun, un prix littéraire. Son livre s'appelle précisément *La République anticléricale. XIXe-XXe siècle*[*]. La connaissance dont il témoigne force le respect. Sans vouloir le moins du monde accabler l'anticléricalisme dont elle retrace l'histoire et cite les discours, il apparaît rétrospectivement comme un bêtisier. C'est une dénonciation obsessionnelle, et sans réflexion véritable, de la « morale religieuse ».

Auguste Comte et les libres penseurs en général la jugeaient « asociale », car le croyant se préoccupait exclusivement de son salut personnel. « Les militants laïques, écrit Jacqueline Lalouette, refusaient de faire de la morale [républicaine] une "fille" de la religion et souhaitaient

* Jacqueline Lalouette, *La République anticléricale. XIXe-XXe siècle*, Le Seuil, coll. « L'Univers historique », 2002.

lui restituer son indépendance, seule garante de sa pureté, de sa suprématie et de sa vigueur. Les rédacteurs de *La Morale indépendante* estimaient que la "règle des mœurs" ne pouvait plus reposer "sur des hypothèses" et qu'elle devait être "inaccessible au doute". » En 1891, un libre penseur avait publié un livre au titre explicite : *Immoralité de la morale chrétienne* (Henri Richard éditeur).

Pour le sociologue Albert Bayet (1880-1961), ladite morale chrétienne n'était pas suffisamment « française » et trop tentée par l'ultramontanisme, cette fidélité de principe à Rome et au Vatican. La morale laïque, née chez nous et « fille de France », devrait mieux afficher, expliquait-il, ses sources d'inspiration, de Gargantua à Montaigne, de Corneille à Descartes ou Rousseau.

Certains anticléricaux de l'époque allaient plus loin et publièrent de véritables appels au meurtre. Le poète et pamphlétaire anarchiste Laurent Tailhade n'hésita pas à écrire : « Le prêtre, par la honte de son état, par la hideur infamante de son costume, vit en dehors de la loi commune, de la solidarité. Contre lui, tout est permis, car la civilisation a un droit de légitime défense. Elle ne lui doit ni ménagement, ni pitié. C'est le chien enragé que tout passant a le droit d'abattre, de peur qu'il ne morde les hommes et n'infecte le troupeau. »

Ce débordement n'était pas un cas isolé. Plusieurs journaux comme *L'Anticlérical*, *La République anticléricale* ou *La Semaine anticléricale* publiaient régulièrement des textes aussi violents. L'anticléricalisme de l'époque était marqué par des dérives haineuses et irrationnelles. Elles seraient aujourd'hui légalement punissables.

Il est vrai qu'en face les catholiques n'étaient pas modérés. Le fameux Syllabus, publié par Pie IX, le 8 décembre 1864, en annexe de l'encyclique *Quanta Cura*, qui rejette en bloc les « idées modernes », comme les campagnes de Louis Veuillot, directeur, pendant quarante ans, du quotidien *L'Univers*, donnent une idée du caractère régressif de cette clôture cléricale. Citons aussi la Fraternité sacerdotale Saint-Pie-X qui rejetait le concile Vatican 2. Ses quatre évêques, parmi lesquels Mgr Lefebvre (disparu en 1991), furent excommuniés par le Vatican en 1988, mais le pape Benoît XVI, en janvier 2009, leva en partie les quatre excommunications.

Pour en revenir à l'anticléricalisme de combat, certaines des dérives citées par Jacqueline

Lalouette frisent le ridicule. Citons André Lorulot (1885-1963), un anarchiste obsédé par la lutte contre l'Église, mais aussi par l'hygiène et le naturisme. L'une de ses conférences était titrée « Notre ennemie, la femme » et fut publiée en 1923 dans *L'Idée libre*. Un anticlérical combatif et célèbre comme l'Alsacien Auguste Scheurer-Kestner (1833-1899), ami de Gambetta et dreyfusard, dénonçait lui aussi le rôle des femmes qui se firent « comme toujours les plus empressés soutiens de l'Autel mis au service de l'intolérance et du fanatisme [*sic*] ».

Cette lutte tenace contre l'Église catholique venait de loin, et d'abord de la Révolution française. Sous la Convention, un certain Pierre Chaumette, anticlérical déchaîné, fit fermer toutes les églises de Paris et prit part à l'instauration de la Terreur. À la tribune il évoquait les femmes en stigmatisant « ces êtres dégradés qui veulent franchir et violer les lois de la Nature. [...] Depuis quand leur est-il permis, demande-t-il, d'abjurer leur sexe et de se faire hommes ? ».

Les anticléricaux du XIXe siècle n'inventaient donc rien. Leur credo laïque participait d'une vision de la France, de l'Histoire et du monde, bien particulière. Ils comptaient dans leurs rangs d'assez nombreux médecins comme Émile Combes, Georges Clemenceau, Jean de Lanessan, Albert Regnard, les docteurs Blondeau, Cattiaux, Meslier, Villeneuve et quelques autres. On relève d'ailleurs à l'époque de fortes connexions entre la science, la médecine et l'anticléricalisme. Elles aboutissaient à nourrir le scientisme spécifique de l'époque. Il nous fait sourire aujourd'hui.

En témoigne le contenu du Grand Dictionnaire universel de Pierre Larousse, publié en 1866. Pour des recherches concernant un livre, j'ai été amené à consulter les grands Larousse en trois volumes plus récents, c'est-à-dire des années 1920 et 1930. Leur orientation était clairement scientiste. Jusqu'aux pires extrémités. Lisant l'article « eugénisme » dans ce Grand Larousse, j'avais trouvé un éloge vibrant de ce « projet scientifique », mis en application aux États-Unis depuis longtemps, et qui ne fut considéré comme criminel qu'après l'usage qu'en firent les nazis dans les années 1930.

Il est vrai que nombre de chercheurs, philosophes, écrivains étaient favorables à cette « révolution scientifique », car il s'agissait d'améliorer la race humaine (*sic*). Un auteur alors célèbre, Alexis Carrel, avait publié un best-seller eugéniste (*L'Homme, cet inconnu*) que toute famille (y compris mes parents) se devait d'avoir lu, retenu et conservé. L'eugénisme avait été légalisé – et promu – dès 1911 aux États-Unis. Dans le Grand Larousse de l'époque, le plaidoyer pour cette technique « pleine de promesses » était sans nuances ni réserve. Seule l'Église catholique dans son encyclique *Casti Connubii*, écrite en 1930 par Pie XI, dénonça cette folie.

Le début des années 1930, avec l'arrivée au pouvoir d'Adolf Hitler, obligea la communauté internationale à ouvrir enfin les yeux. Quant à Alexis Carrel, il tomba de manière enfantine dans un piège qui eut raison de sa renommée (et de sa vanité). Son éditeur allemand lui avait demandé une préface pour la réédition en 1942 de la version allemande de son livre. Je m'en étais procuré une copie. Sa satisfaction était inconvenante : enfin un gouvernement applique mes idées, écrivait-il sans réserve !

Ajoutons à sa décharge que s'il était dans l'air du temps, il n'était pas le seul. Citons, concernant la France, le cas d'un autre médecin, darwiniste convaincu, Charles Binet-Sanglé. Spécialiste des maladies nerveuses, lui aussi était non seulement un anticlérical acharné mais un antichrétien prétendument « nietzschéen ». Du moins était-ce ainsi qu'il se présentait. Auteur d'un livre en quatre volumes à prétention scientifique, *La Folie de Jésus*, publié de 1908 à 1915, il voulait démontrer de manière irréfutable la folie du Christ. À la même époque, pendant la guerre de 1914-1918, il publia un autre « livre à succès et à scandale » : *Le Haras humain.* Dans ces pages, il disait vouloir « encourager le suicide des mauvais générateurs ».

Difficile d'être plus clair.

« L'anticléricalisme des saints »

Venons-en à l'autre anticléricalisme, de meilleur aloi celui-ci. Je parle de l'anticléricalisme chrétien. Il n'a pas grand-chose à voir avec la haine et le rejet du christianisme évoqués plus haut. Ni Léon Bloy, ni Georges Bernanos, Marc Sangnier, Jacques Ellul (auteur de *La Subversion du christianisme*) ou Henri Guillemin n'hésitèrent à fustiger les bigots, les inquisiteurs et les mauvais prêtres.

Quoique chrétiens, ils furent, à leur façon, des anticléricaux résolus.

Ce n'est pas tout : comprendre et approuver l'anticléricalisme ne signifie pas qu'on récuse la nécessité d'une « institution » comme l'Église catholique. Depuis longtemps, je garde en tête ces lignes de Bernanos qui décrit sa fidélité aimante mais très critique à l'égard de l'Église. Tout y est dit. « Je ne la souhaite pas parfaite, elle est vivante. Pareille aux plus humbles, aux plus dénués de ses fils, elle va clopinant de ce monde à l'autre monde ; elle commet des fautes, elle les expie, et qui veut bien détourner un moment les yeux de ses pompes l'entend prier et sangloter avec nous dans les ténèbres*. »

Toutes les croyances ont besoin d'une institution mais doivent apprendre à résister aux scléroses qui la menacent. La croyance, si elle est un choix personnel, est surtout une affaire relationnelle. Croire, c'est faire confiance et posséder un langage commun pour le dire. Cela implique un respectueux rapport à l'autre. La croyance

* Georges Bernanos, *Les Grands Cimetières sous la lune*, Plon, 1938.

appelle le lien. Le verbe « croire », observait Emmanuel Levinas, ne se conjugue pas à la première personne du singulier mais du pluriel. En revanche, si elle demeure libre de tout lien, hors de toute institution, alors la foi devient dangereuse. Dans sa dynamique propre, livrée à ses penchants, elle risque à tout moment de s'enivrer d'elle-même jusqu'à consentir au fanatisme.

Cela n'est pas le cas de cette religieuse-ermite, sœur Catherine, dont le témoignage est d'une douceur exemplaire.

Garder son cap

« Je ne suis pas une élite qui se met à part pour échapper aux soucis qui affectent les autres hommes ; être une contemplative ne signifie pas me tenir au-dessus des autres, les toisant et jouissant de la quiétude réservée aux privilégiés. [...] Non, ce vrai retrait du monde très prolongé et très réel m'a fait goûter quelque chose de l'intention pure de Dieu hors le grand dérapage, dans un cœur à cœur très doux, d'autant plus poignant ; comme si Dieu se confiait. [...] C'est

cette dimension de silence, de pratique de vie intérieure comme la méditation, d'écoute et d'attention à Dieu qui est mise de côté dans l'Église d'aujourd'hui, et que sont parties chercher ailleurs un grand nombre de personnes. Or compte tenu de la pression de la vie urbaine, moderne, en ce qu'elle est déshumanisée, il faut se replonger bien plus souvent et plus longtemps dans le silence, l'intériorité et la sagesse, pour faire face et garder son cap. »

*Sœur Catherine**

Le croire humain, qu'il soit ou non religieux, exige un apprivoisement perpétuel, un questionnement consenti sous le regard de l'autre. *La vraie conviction n'est pas magique mais construite.* Elle a besoin d'être collectivement guidée, discutée, épurée, circonscrite et transmise par une institution. Hélas ! c'est là où les choses se compliquent. Si la croyance réclame d'être apprivoisée et instituée par un appareil, elle risque, ce faisant,

---

* Sœur Catherine, *Récits d'une ermite de montagne*, © Le Relié, 2019.

d'être étouffée par le cléricalisme inhérent à toute institution.

C'est le lieu où s'approfondit la croyance, mais aussi celui d'où peut surgir le pire dogmatisme. L'institution est disciplinaire par vocation. Elle veut durer, « persévérer dans son être », comme disait Spinoza. Elle impose volontiers le silence dans les rangs. En tant que croyants, *nous sommes ainsi placés sous sa protection mais aussi sous sa menace.* Protection ? Oui, car seule l'institution a les moyens de mettre en marche la puissante alchimie civilisatrice qui transforme la croyance en expérience, puis l'expérience en conscience et, enfin, la conscience en solidarité. Menace ? Oui encore, car elle n'en demeure pas moins une ogresse capable de brider la liberté de ses enfants ; de traquer la dissidence et l'hérésie. Cette contradiction dont les chrétiens d'aujourd'hui sont les héritiers est à la fois vertigineuse et fondatrice.

Ils ont – nous avons – besoin de l'Église, mais cette dernière doit être « suivie » de près par la vigilance critique des chrétiens à l'endroit du cléricalisme. Nombre de prélats avaient accepté cette double fidélité. L'abbé Pierre racontait que lors de son ordination sacerdotale près de Lyon, le cardinal Henri de Lubac (1896-1991) lui avait murmuré : « Demain, quand vous serez étendu sur les dalles de la chapelle, ne faites qu'une prière à l'Esprit saint : demandez-lui qu'il vous fasse accéder à l'anticléricalisme des saints. »

Comme un enfant prodigue

Concernant le cléricalisme, il m'est arrivé une étrange histoire. Quand j'ai compris et écrit que je « redevenais chrétien », je ne connaissais rien du cléricalisme, je ne savais pas ce que c'était, je n'en avais jamais souffert. Dans ce livre sur mon retour à la foi chrétienne, j'ai raconté cela. Comme l'enfant prodigue, j'ai dit ma joie de retrouver l'Église catholique, comme on retrouve sa maison. Avec bonheur. J'avais oublié qu'elle pouvait être aussi accueillante, rassurante, généreuse et douce pour ses enfants, surtout quand ils reviennent vers elle. Invité à témoigner, y compris dans plusieurs maisons diocésaines ou instituts catholiques de province, je me suis entendu dire que trop de chrétiens avaient oublié qu'ils étaient assis sur un trésor.

Pour reprendre la réflexion sévère de Charles Péguy sur les âmes « habituées », je parlais du message évangélique avec l'enthousiasme de l'esprit d'enfance. Je n'étais plus habitué du tout. Sa redécouverte et la lecture de certains auteurs chrétiens – catholiques, protestants ou orthodoxes – m'avaient transporté. J'ai dû répondre à quantité de questions. Des copains de longue date, et même de vrais amis, qui ne m'avaient jamais parlé de religion m'ont fait des confidences inattendues.

Certains m'ont dit pourquoi et comment ils avaient rompu avec l'Église. Ils m'ont aidé à comprendre la vraie tristesse du cléricalisme. Et pas seulement en évoquant ce qui commençait déjà à devenir un scandale à l'échelle du monde : la pédophilie, celle qu'on qualifie (à juste titre) de « criminelle ». Le ressac des révélations et des confidences à ce sujet m'a abasourdi. Dans *Comment je suis redevenu chrétien*, j'expliquais que mon éloignement de l'Église n'avait pas été une rupture. Et pour cause : j'étais un produit de l'école publique. Les seuls curés que j'avais côtoyés – l'aumônier du lycée ou celui des scouts – avaient été irréprochables. Ils étaient autant de belles personnes dont je me souviens avec plaisir.

Rien à voir avec le témoignage d'un de mes amis que les « bons pères » avaient tripoté, de tel autre carrément violé, ou celui d'un autre qui ne voulait plus entrer dans le bureau du prof principal. Mais les confidences suscitées par la lecture de mon livre ne concernaient pas toujours les harcèlements sexuels. C'est même tout le contraire. *On me parlait surtout de la tristesse, de la froideur ou même de la méchanceté, qui empoisonnaient le quotidien de certains pensionnats catholiques.* Toutes ces choses m'étaient connues, bien sûr, mais seulement par procuration. J'avais lu des romans pour adolescents des années 1950 ou 1960. Je pense à Gilbert Cesbron, Hervé Bazin, Alexandre Vialatte, Henri Troyat, Yves Gibeau et d'autres, oubliés.

Dix ans après *Comment je suis redevenu chrétien*, j'ai voulu revenir sur le sujet, sans négliger cette noirceur ni épargner les aspects sombres du cléricalisme. J'ai publié *La Foi qui reste*, livre dans lequel j'essaie d'être précis et sévère mais sans désespérer. Je rapporte également une réflexion que me fit plusieurs fois le théologien Maurice Bellet, évoqué dans le chapitre précédent. « Si au lieu de l'école publique, tu avais connu l'enseignement catholique des années 1960, tu serais devenu plus athée que Michel Onfray. »

Il est vrai qu'on doit à Bellet des remarques dérangeantes sur l'apparition de l'« homme dur » dans l'espace chrétien. Je dirais « réapparition ». Ces gens sans miséricorde existent depuis toujours. Ils ont laissé comme une traînée de larmes dans l'histoire du christianisme. Ils n'ont jamais lu cette maxime de La Rochefoucauld : « Il n'y a que les personnes qui ont de la fermeté qui puissent avoir une véritable douceur. »

Trois grandes figures chrétiennes

Depuis lors, et de loin en loin, ma confiance et ma foi se sont fortifiées grâce à la rencontre de plusieurs grandes figures chrétiennes. Je n'ai oublié aucune d'entre elles.

La première fut celle de Bernard, un prêtre de la Mission de France dont j'avais publié un (long) portrait dans les colonnes du journal *Le Monde*. Enfant de la bourgeoisie « très pieuse » de Reims, il avait rompu avec son milieu pour consacrer sa vie entière aux travailleurs immigrés. J'étais allé le rencontrer à Beauchery, en Seine-et-Marne.

C'était son onzième chantier. Sur cette île exilée dans la Brie, une cinquantaine de travailleurs, étrangers pour la plupart, bâtissaient de gros silos de béton.

Cathédrales aveugles et géométriques, ils domineraient bientôt les labours. Des baraques avaient été alignées sur un terre-plein boueux. Chacune d'entre elles hébergeait trois ou quatre manœuvres groupés par nationalité. À Beauchery, on avait commencé les « coffrages coulissants ». Assujetties à ces tonnes de béton qui « prennent » aussitôt coulées, les équipes travaillaient douze heures d'affilée. Chaque soir ramenait dans les Algeco, ces baraques préfabriquées, des groupes épuisés de Portugais, de Maghrébins ou de Sénégalais. Les jours et les nuits se ressemblaient.

Le jour de mon arrivée, en mars 1973, un jeune manœuvre portugais avait beaucoup parlé à Bernard de ses enfants et de sa femme laissés au pays. Les hasards d'une équipe et d'un sourire échangé... D'ordinaire, vaincus chaque soir par la fatigue, on ne raconte pas souvent sa vie sur ces chantiers. Bernard écoutait. Le garçon – disons Ribeiro – avait décrit son départ clandestin et son arrivée en France, il avait même sorti la photo chiffonnée de ses enfants. Après la sonnerie qui annonce les changements d'équipe, ils s'étaient retrouvés dans la baraque qu'il partageait avec Bernard. Ribeiro avait commencé à éplucher les pommes de terre pour la cuisine du soir. Bernard s'était assis en face de lui sur une des couchettes superposées. « Tu m'as beaucoup parlé de toi. Moi aussi je te dois une confidence : je suis prêtre. »

Ribeiro avait suspendu son geste. Il avait posé son couteau et ses épluchures, s'était levé, et, sans rien dire, était venu donner l'accolade à son compagnon de travail. Puis Bernard avait célébré la messe sur la table de cuisine. Ils avaient communié avec du pain et du vin dans le verre unique qui recevait le gros rouge et le Nescafé du matin. Ils n'ont plus beaucoup parlé.

Quarante-huit ans, bottes de caoutchouc et bleu de travail raidi par la boue, casque jaune sur la tête, Bernard était un « immigré » parmi les autres. Depuis dix ans. D'abord, il vous jetait au visage une colère flamboyante. « Cette société est malade du fric, malade... Les Français ne veulent pas savoir comment les autoroutes avancent, comment les immeubles se construisent. Ils se foutent complètement des trois millions de types qui ont tout quitté pour venir, chez nous, faire les sales boulots qui nous fatigueraient trop. L'histoire nous jugera sévèrement. » Puis Bernard me répétait qu'il était totalement heureux. Un beau visage creusé de fatigue, éclairé par un regard très doux, en portait témoignage.

Il était déjà loin de Reims, Bernard ! Ses parents appartenaient à cette bourgeoisie pieuse, assidue à la grand-messe du dimanche matin qui débouche sur la pâtisserie et demeure fidèle aux bridges de l'après-midi. L'usine textile du père, la grande maison et le parc... Univers mort. Petit bourgeois dévot, Bernard fréquentait l'école des bons pères de Saint-Joseph et le patronage. Rectiligne, son avenir lui promettait déjà la direction d'une grande école et un beau mariage. Sûrement pas la Mission de France et cette errance pauvre – « scandaleuse » – de chantier en chantier. L'emportement d'un jeune bourgeois contre son milieu est un thème littéraire connu. Mais celui de Bernard est resté fulgurant. Jusqu'au bout !

Ma deuxième grande figure est celle de Pierre Claverie. Évêque d'Oran, il fut assassiné le 1er août 1996 dans un attentat, avec le jeune

Mohammed, son assistant algérien. C'était un « pied-noir ». Sa famille – comme celle de ma mère – était en Algérie depuis quatre générations. Dans ses premiers écrits, il avait expliqué qu'à Bab-el-Oued, où il était né, on ne savait pas grand-chose des Algériens, et encore moins de l'islam. Les premiers étaient les « indigènes ». Quant à l'islam, avec ses minarets et ses appels du muezzin, il faisait partie du paysage, ou plus exactement du chromo orientaliste. Cette proximité indifférente – pas forcément hostile – définissait ce qu'il appellera plus tard la « bulle coloniale ».

Préadolescent, Claverie avait combattu ce trouble en s'engageant avec passion dans le scoutisme. Puis, bac en poche, il avait quitté l'Algérie afin de poursuivre ses études en métropole. La distance lui avait ouvert les yeux. Notamment sur les effets induits de cette « bulle coloniale », plus chargée de paternalisme et d'injustice qu'il ne l'imaginait. « Nous n'étions pas racistes, seulement indifférents. [...] Nous n'avons rien fait, nous les Claverie, pour être concrets, pour nous informer de la véritable situation des Arabes. » Le choix d'une vie religieuse chez les dominicains fut une réponse personnelle à cette bonne conscience que, rétrospectivement, il ne se pardonnait pas. Il évoquait ces « nombreux sermons entendus sur l'amour du prochain, sans jamais réaliser que les Arabes étaient aussi notre prochain ».

Toute sa vie avait été hantée par le besoin de nouer enfin avec cet « autre » un dialogue de fraternité et de respect. En 1965, il avait été ordonné prêtre. Deux ans plus tard, il était retourné vivre dans l'Algérie indépendante. Obéissant à une urgence intérieure autant qu'à la nécessité, il avait appris l'arabe et était devenu un bon connaisseur de l'islam.

Ma troisième grande figure est celle de Christian de Chergé, mort quelques mois avant Pierre Claverie, avec les six autres moines du monastère de Tibhirine, à Médéa, non loin d'Alger, dont il était le prieur. Le 1er décembre 1993, trois ans avant cet assassinat qu'il jugeait *probable*, il avait écrit un *testament. Via* Internet, ces pages avaient circulé dans le monde entier. Sous le titre « Quand un "à Dieu" s'envisage », elles furent considérées – et le sont toujours aujourd'hui – comme un des plus beaux textes chrétiens de la seconde moitié du XXe siècle.

À l'époque, sa lecture m'avait secoué. Sachant qu'il risquait d'être tué, Chergé pardonnait à l'avance à son meurtrier. « J'aimerais, le moment venu, écrivait-il, avoir ce laps de lucidité qui me permettrait de solliciter le pardon de Dieu et celui de mes frères en humanité, en même temps que de pardonner de tout cœur à qui m'aurait atteint. »

Dans le même texte, il refusait qu'on impute à l'islam tout entier la responsabilité de ce crime. « C'est trop cher payer, écrivait-il, ce qu'on appellera, peut-être, la "grâce du martyre" que de la devoir à un Algérien, quel qu'il soit, surtout s'il dit agir en fidélité à ce qu'il croit être l'islam. Je ne vois pas comment je pourrais me réjouir que ce peuple que j'aime soit indistinctement accusé de mon meurtre. »

À l'évidence, une même obsession rapprochait Christian de Chergé et Pierre Claverie dans leur volonté de dialoguer fraternellement avec l'islam : *celui d'une dette*. Claverie, je l'ai dit, organisa sa vie entière pour conjurer le souvenir de cette bulle coloniale qui l'avait tragiquement séparé de « l'autre ». La dette de Christian de Chergé était, elle, affaire de chair et de sang. En 1960, alors qu'il était jeune sous-lieutenant de l'armée française en Algérie, il s'était lié d'amitié avec le garde champêtre d'un des villages dont il avait la charge.

Il s'agissait d'un Algérien prénommé Mohamed, qu'il décrira plus tard comme « un homme mûr et profondément religieux qui a libéré [sa] foi en [lui] apprenant à s'exprimer, au fil d'un quotidien difficile, comme une réponse de simplicité, d'ouverture et d'abandon à Dieu ».

Un jour, comme il se promenait avec Mohamed en parlant de la prière, ils rencontrèrent des combattants du FLN qui voulaient liquider le sous-lieutenant français, Mohamed s'interposa et obligea les fedayins à renoncer à leur projet. Il lui sauva la vie. Trois jours plus tard, le garde champêtre fut retrouvé égorgé près du puits du village.

Christian de Chergé resta marqué à tout jamais par ce sacrifice. C'est la raison pour laquelle, ordonné prêtre en 1964 et devenu trappiste au monastère cistercien d'Aiguebelle dans le département de la Drôme, il décida d'améliorer son arabe et sa connaissance de l'islam pour retourner en Algérie. Ce qu'il fit dès 1974, en rejoignant le monastère de Tibhirine, à Médéa, non loin d'Alger. Les motivations et les choix exactement parallèles de Pierre Claverie et Christian de Chergé sont à eux seuls une leçon*.

Gardant en tête ces trois grandes – et douces – figures chrétiennes, comment aurais-je pu perdre la foi ou désespérer de l'Église ?

---

* Sur Pierre Claverie, j'ai trouvé l'essentiel des citations dans le livre de Patrick Vincienne, *Avec Pierre Claverie, évêque d'Oran, martyr*, Nouvelle Cité, 2011. Sur Christian de Chergé, j'ai puisé dans la nouvelle édition de son recueil réédité avec Bruno Chenu, *L'Invincible Espérance*, Bayard Culture, 2010.

6

Force et douceur

De Jeanne d'Arc à Joan Baez

« Les scolastiques, les raisonneurs, qui haïssaient Jeanne comme inspirée, furent d'autant plus cruels pour elle qu'ils ne purent la mépriser comme folle, et que souvent elle fit taire leurs raisonnements devant une raison plus haute. »

Jules Michelet*

---

* Jules Michelet, *Jeanne d'Arc*, Hachette, rééd. Gallimard, coll. « Folio classique », 2012.

En mettant à profit les longues semaines de confinement, j'ai aussi voulu concentrer mon attention sur la « Pucelle d'Orléans », c'est-à-dire Jeanne d'Arc, le personnage le plus extraordinaire de notre histoire. Elle est aussi célèbre dans le monde entier que Napoléon, mais infiniment mieux aimée. Chez nous, en France, il n'existe pas beaucoup d'églises, même dans le plus modeste village, qui n'abrite une statue de notre Jeanne, parée pour le combat. Je savais que cette jeune fille devenue combattante *était capable d'une infatigable douceur*, sans cesser pour autant d'être capable de fermeté.

Certes, j'avais déjà lu d'assez nombreux livres sur cette toute jeune fille venue de la campagne, promue à la tête d'une armée victorieuse et brûlée à Rouen à dix-neuf ans en 1431 par la volonté des Anglais. (Elle les avait vaincus à Orléans, à Jargeau et à Patay et, comble d'humiliation, disent les chroniqueurs, « ils avaient fui à toutes jambes devant une fille ».) Des livres ? Ceux d'Henri Guillemin, de Colette Beaune, de Michel Bernard (le plus récent, 2018) et – surtout – la somme érudite de Régine Pernoud et Marie-Véronique Clin. Mais je n'oublie pas non plus le livre monumental (mille six cents pages) de Philippe Contamine, Olivier Bouzy et Xavier Hélary, dans la collection « Bouquins »*.

J'ai passé quelques heures à le consulter. J'ajoute que j'ai visionné une demi-douzaine de films ou téléfilms sur Jeanne, dont celui de Robert Bresson, *Procès de Jeanne d'Arc* (1962).

Parmi les sources écrites, j'ai découvert le travail éblouissant du grand historien français Jules Michelet (1798-1874). Le matin, j'avais toujours hâte de me remettre à la lecture de son *Jeanne d'Arc*. Je mesure déjà un peu mieux ce qu'était l'étendue de mon ignorance. On évoque souvent

---

* Philippe Contamine, Olivier Bouzy et Xavier Hélary, *Jeanne d'Arc*, Robert Laffont, coll. « Bouquins », 2012.

l'intelligence singulière de cette « bergerette » (petite bergère), comme on disait au XVe siècle. La façon dont elle tint tête aux beaux esprits de l'Université, aux juges et aux procureurs est surprenante. Mais on met moins souvent en valeur l'association, chez elle, du courage et de la bienveillance. *Elle fait la guerre mais elle ne l'aime pas.*

Courage ? Les spécialistes ont calculé qu'au total, pour prendre la mesure de son pays, elle aura chevauché sur cinq mille kilomètres en moins d'un an. Bienveillance ? Comme l'écrit Michelet : « Pour la première fois, on le sent, la France est aimée comme une personne. Et elle devient ce qu'elle est, depuis ce jour-là. C'était jusque-là un rassemblement de provinces, un vaste chaos de fiefs, grand pays, d'idée vague. Mais dès ce jour, par la force du cœur, elle est une patrie. »

À propos de cette bienveillance, payée de retour, on doit ajouter qu'elle parle aux plus humbles, et pour eux. Ils l'entendent. En revanche, les gens de l'Université et les aristocrates fornicateurs la méprisent avec hauteur. (Aujourd'hui, certains de nos « professeurs » du XXIe siècle pensent qu'elle est « populiste » avant la lettre, même s'ils n'osent le dire trop fort.) Si Jeanne est une héroïne populaire depuis six cent huit années, c'est au sens le plus fort de l'adjectif « populaire ».

La jeune illettrée de Domrémy dans le département des Vosges en Lorraine souffrait réellement des malheurs de la France. Dans le langage – et l'orthographe – de l'époque, elle évoque « la Pitié qu'il y avoit au royaume de France ! » Une autre fois, elle se confie : « Je n'ai jamais vu sang de François que mes cheveux se levassent. » Une fois encore, comme elle n'avait pas été prévenue d'une bataille, elle proteste : « Méchants, vous ne me diriez donc pas qu'on répandit le sang de France ! »

La Pucelle sera malgré tout trahie par ce « gentil dauphin », Charles VII, devenu roi après avoir été sacré à Reims grâce à elle. Très vite, le goût du pouvoir et des palinodies politiciennes avaient repris le médiocre souverain. Paradoxalement, un dédain comparable se reproduit aujourd'hui, toute proportion gardée, à l'encontre de Régine Pernoud, meilleure biographe de la Pucelle. Certains historiens besogneux du XXIe siècle ne lui ont pardonné ni sa popularité, ni sa sensibilité, ni son talent. J'en ai été témoin aux éditions du Seuil.

Joan Baez, une affaire de génération

Comme les gens de mon âge, j'ai écouté et réécouté les chansons de Joan Baez. J'ai la folie de trouver sans cesse de nouveaux points communs entre ces deux femmes que six siècles séparent. Mais est-ce une folie ? Chez l'une comme chez l'autre, la fermeté, le courage et la douceur semblaient se conjuguer de manière singulière. Dans le cas de Jeanne, c'est évident. Pour Joan Baez aussi.

À vingt et un ans, l'icône de la *protest song* (chanson engagée) marchait déjà aux côtés de Martin Luther King, puis se battait contre la guerre du Vietnam, était arrêtée à plusieurs reprises, puis recommençait à manifester. Le 23 novembre 1962, le magazine hebdomadaire *Time* avait consacré sa couverture à cette jeune « madone » (*sic*) qui utilisait sa guitare sèche et sa voix comme des armes contre l'injustice du monde.

Ses parents étaient des quakers très puritains. Sans doute trop ! « Ma mère d'origine écossaise, dira-t-elle plus tard, avait grandi dans la conviction que manier l'argent était sale, penser à un acte sexuel était sale, et que l'éducation des enfants se faisait à coups de punitions. » Mais Joan ajoutait aussitôt au sujet de sa mère : « Cette femme, qui m'obligeait à me rendre aux assemblées de quakers, était celle-là même qui m'accompagna deux fois en prison. Nous avons été détenues ensemble pour désobéissance civique. »

Si j'ose maintenant faire un parallèle entre Jeanne et Joan, c'est parce que Joan Baez l'avait fait avant moi, pour ironiser sur la *Joan of Arc* qu'elle avait été, et qui voulait sauver le monde. Mais elle doutait d'elle-même*. Bien plus que je n'osais l'imaginer. Elle l'a reconnu en 2006, dans un entretien pour l'hebdomadaire français *L'Express*. J'en reprends ici un extrait.

Joan Baez : j'étais rongée par le doute

« Pendant des années, je me suis cachée derrière des masques, ne montrant que des bribes de moi-même, me présentant d'abord comme la Joan fragile et pure, l'inaccessible

* Je m'inspire ici, en substance, des indications données par *L'Express* du 6 avril 2006.

sainte-nitouche, puis comme la "Joan of Arc" qui aurait sauvé le monde, l'éternelle engagée. J'étais une statue de marbre, rigide, toujours en train de juger, désirant tout contrôler. En réalité, je ne maîtrisais rien. En me voyant chanter sur scène ou manifester sous les bombes à Hanoi, on ne pouvait pas se douter que j'étais terrorisée, rongée par le doute, gouvernée par mille phobies. Petit à petit, j'ai appris à accepter que j'étais à la fois forte et délicate, puritaine et sensuelle, frugale et luxurieuse, chanteuse engagée et diva capricieuse. Qu'est-ce qui m'a ouvert les yeux? Dix ans d'analyse et beaucoup d'humour. »

*Joan Baez**

L'histoire confirme parfois la légende

Concernant Jeanne d'Arc, le lecteur se noie facilement dans un océan d'écrits. Les rayons de la Bibliothèque nationale y suffiraient à peine. Pour éviter cela, je m'en tiendrai à mon sujet: sa force et sa douceur. En préambule, j'aime

* Entretien avec Paola Genone, *L'Express*, 6 avril 2006.

beaucoup cette notation de Michelet : « Touchant secret de femme ! La pitié fut si grande en elle qu'elle n'eut plus pitié d'elle-même, qu'elle fit ce souverain effort de s'arracher à sa nature ; elle souffrit tant des maux des autres, et fut si tendre, qu'elle en fut intrépide, et brava tous les maux. [...] Souvenons-nous toujours, Français, que la Patrie chez nous est née du cœur d'une femme, de sa tendresse et de ses larmes, du sang qu'elle a donné pour nous*. »

Cette remarque prend tout son sens quand on sait qu'à l'époque il était assez courant de voir les femmes prendre les armes. Elles participaient aux sièges des villes. En témoignent les trente femmes blessées à la bataille d'Amiens entre Armagnacs et Bourguignons, ou le cas de « Jeanne Hachette ». Agissant quelques décennies après Jeanne d'Arc, cette dernière doit son surnom à la petite hache dont elle se serait servie pour combattre, en 1472, Charles le Téméraire à Beauvais, aujourd'hui dans le département de l'Oise. Elle y a sa statue et son souvenir a longtemps survécu grâce à son nom, donné à des collèges, à des centres commerciaux

---

* Jules Michelet, *Jeanne d'Arc*, *op. cit.*

ou à des espaces culturels. Aujourd'hui, sa commémoration est moins suivie. Certains doutent même qu'elle ait vraiment existé.

Au temps de la Pucelle, en tout cas, les femmes de Bohême se battaient comme les hommes, dans les guerres contre les hussites. Ces campagnes militaires décidées par des féodaux et l'Église catholique étaient dirigées contre les paysans et les partisans de Jan Hus en Bohême, de 1420 à 1434. On sait tout cela grâce au chroniqueur français Enguerrand de Monstrelet, qui écrit notamment (dans le français de l'époque) : « Et armoient les femmes, ainsi que diables, pleines de toutes cruautés, et en furent trouvées plusieurs mortes et occises aux rencontres. »

Autre sujet : on a fait grand cas des visions qu'avait la Pucelle, et des voix qu'elle disait entendre. Cela aussi était fréquent dans ce triste xve siècle où les souffrances et les violences de la guerre de Cent Ans avaient exalté les esprits. Toutes les provinces du Royaume avaient leurs femmes « inspirées ». On cite les exemples d'une Marie à Avignon, d'une Catherine à La Rochelle ou d'une Pierrette en Bretagne qui « conversent » avec Jésus-Christ. Cependant, une toute jeune femme qui, comme la Pucelle, combat avec vaillance mais sans cruauté, ce n'était pas courant.

Quant à sa qualité intime de pucelle, elle semble avoir été attestée plusieurs fois, notamment à Poitiers, à la demande de Charles VII et de son entourage. Michelet y fait discrètement allusion quand il écrit : « Elle eut, d'âme et de corps, ce don divin de rester enfant. Elle grandit, devint forte et belle, mais elle ignora toujours les misères physiques de la femme*. »

On a beaucoup écrit et brodé sur cette question du désir. (On ne parlait pas encore de « sexualité ».) Dans son livre sur Jeanne d'Arc, le romancier Joseph Delteil, disparu en 1978, raconte la lente traversée de la Beauce par Jeanne et ses soldats. Il imagine Jeanne, à moitié endormie par la chaleur, qui se prend à désirer ses soldats. Il écrit : « Jeanne, étendue sur le dos, les mains jointes, attend le sommeil. Mais un pudique malaise la tient outre mesure éveillée. Elle sent à ses côtés les deux chastes hommes, et sa pensée surveille les régions de la chair**. »

---

* *Ibid.*

** Joseph Delteil, *Œuvres complètes*, Grasset, 1980.

C'est un riche moment de littérature. Mais juste de la littérature.

Si on cherche des témoignages plus précis sur les rapports qu'entretenait Jeanne avec la soldatesque, c'est – entre autres – Régine Pernoud et Marie-Véronique Clin qu'il faut lire. Elles se réfèrent à un certain Gobert Thibault, contemporain de Jeanne. Il est sans doute celui qui a analysé avec le plus de finesse le sentiment des soldats à l'endroit de la Pucelle d'Orléans, alors qu'en ce temps toute fille dans l'armée était une fille à soldats.

Pour Gobert, Jeanne était toujours avec ses soldats. « Les familiers disent que jamais ils n'avaient eu désir d'elle. Parfois, ils en avaient eu volonté charnelle, cependant jamais n'osèrent s'y laisser aller, et ils croyaient qu'il n'était pas possible de la vouloir ; et souvent, quand ils parlaient entre eux du péché de la chair et disaient des paroles qui pouvaient exciter à la volupté, quand ils la voyaient et s'approchaient d'elle, ils n'en pouvaient plus parler, et soudain s'arrêtaient leurs transports charnels*. »

---

* Régine Pernoud et Marie-Véronique Clin, *Jeanne d'Arc*, Fayard, 1990.

En revanche, Jeanne lutta résolument contre les manières rustres des soldats et leur habitude de jurer sur Dieu en blasphémant. Elle s'attacha à dissuader ses capitaines de parler comme des soudards. Cette guerre perpétuelle, comme toujours, avait changé les hommes en bêtes sauvages. De ces capitaines féroces, Jeanne voulait refaire des chrétiens civilisés. Elle y parvint assez bien. La Hire (surnom donné à Étienne de Vignolles), son redoutable capitaine, n'osa plus jurer sur Dieu. Impressionnée par la violence qu'il s'infligeait ainsi à lui-même, elle l'autorisa à jurer « par son bâton ». Elle l'obligea aussi à respecter les usages de la chevalerie, en s'interdisant de combattre les jours voués au Seigneur et à la prière.

Jeanne fut plus sévère encore pour les « filles à soldats » qui accompagnaient les armées. Il faut dire qu'en ce XVe siècle le contraste est total entre les idées chrétiennes qu'on professe et les « basses réalités » de l'époque. Le comte de Clèves, par exemple, a soixante-trois bâtards ; Jean de Bourgogne, évêque de Cambrai, officie pontificalement avec ses trente-six bâtards et fils de bâtards qui le servent à l'autel. Quant à Philippe le Bon, il n'eut que seize bâtards mais pas moins de vingt-sept femmes, trois légitimes épouses et vingt-quatre maîtresses.

Ajoutons à ces prouesses les fêtes et les festins qui pouvaient durer plusieurs jours et invitaient à des prodigalités insensées. Pour reprendre une expression de Michelet, il arrivait que le peuple, enfiévré par les victoires, se sente « ivre de religion et de guerre ». C'est cette fièvre que Jeanne, à plusieurs reprises, cherche à tempérer. Comme l'écrit Régine Pernoud, elle reste imbue des règles anciennes de la chevalerie, qui restreignaient le temps de la guerre et imposaient la trêve du dimanche et des jours de fête. Elle eut quelque mal en la circonstance à imposer son point de vue alors que la guerre avait déjà pris un tour féroce*.

Michelet ajoute qu'elle reçut sa religion non comme une leçon, une cérémonie, mais dans la forme populaire et naïve d'une belle histoire de veillée, comme la foi simple d'une mère… Ce que nous recevons ainsi avec le sang et le lait, c'est chose vivante, et la vie même. Son amie d'enfance et de cœur, Haumette, plus jeune de trois ou quatre ans, décrit une Jeanne qui rougissait

* *Ibid.*

quand on lui disait qu'elle était trop dévote et qu'elle allait trop à l'église.

A-t-elle aimé se battre ?

C'est sans doute le point le plus obscur. Lui est-il arrivé d'adhérer, malgré tout, à la guerre ? Sa douceur était comparable à celle des anciens martyrs, sauf qu'eux, à l'exemple des premiers chrétiens, ne pouvaient rester doux et purs qu'en fuyant l'action, en renonçant à l'épreuve du monde. Jeanne au contraire *fut douce jusqu'au milieu des combats*. Mais le fut-elle en toutes circonstances ? Au départ, elle disait qu'elle ne voulait jamais se servir de son épée pour tuer quelqu'un. Après la victoire d'Orléans et le sacre de Reims, elle ajoutait : « C'est pour cela que je suis née. » Elle savait, mieux que quiconque, que la sainteté était à l'opposé de la guerre.

Plus tard, elle parlera néanmoins avec plaisir de l'épée qu'elle portait à Compiègne, excellente, disait-elle, pour frapper d'estoc et de taille. N'était-ce pas le signe d'un changement ? Le duc d'Alençon, que Jeanne appelait « mon beau duc » (et dont le père était mort à la bataille d'Azincourt le 25 octobre 1415), avait été impressionné par l'habileté de Jeanne au maniement des armes. Il savait également qu'elle appréciait l'efficacité de cette arme moderne et meurtrière qu'était alors l'artillerie.

L'écrivain et haut fonctionnaire Michel Bernard, natif de Bar-le-Duc (à soixante-dix kilomètres de Domrémy-la-Pucelle !), raconte leur rencontre : « D'Alençon, écrit-il, l'avait senti dès qu'elle était entrée dans la chambre. Le guerrier des combats malheureux, l'ancien captif, avait reconnu dans la fille de Domrémy ce qui manquait partout en France : la foi, la confiance et l'autorité qu'elles confèrent. Il avait l'assurance des grands, ceux qui reçoivent, elle avait la force des simples, ceux qui donnent*. »

En gage d'amitié, il avait offert à Jeanne un cheval. C'est lui qui dirigera l'armée lors de la « campagne de Loire » et de la prise de Jargeau le 12 juin 1429, puis celle de Patay, six jours plus tard. Ces deux défaites, humiliantes pour les Anglais, furent également très meurtrières. À Patay, ils eurent de mille cinq cents à deux mille

---

* Michel Bernard, *Le Bon Cœur*, La Table Ronde, 2018.

tués, selon les chroniqueurs, contre une vingtaine dans les troupes de la Pucelle. Ajoutons que les principaux chefs anglais furent faits prisonniers. Maîtres du champ de bataille, les Français passent la nuit à Patay. Dès le lendemain, ils rejoignent Orléans suivis de leurs nombreux prisonniers.

Cette bataille sera considérée comme la grande date à mettre à l'actif de la Pucelle. Une victoire obtenue, non plus après le siège d'une place forte comme à Orléans, mais en rase campagne. Elle constitue une réplique exacte mais victorieuse de celle d'Azincourt, qui avait décimé la fine fleur de la chevalerie française. Après Patay, l'enthousiasme fut général dans l'entourage de Charles VII. Après la levée du siège d'Orléans, une victoire comme celle-ci confirmait le retournement de la situation militaire. Un mois plus tard, le 7 juillet 1429, le sacre de Charles VII est célébré à Reims.

Le désenchantement commencera dès le mois d'août de la même année.

Une « illettrée » plus intelligente que ses accusateurs

Je garde en mémoire quelques conversations avec Régine Pernoud. Elle voulait me convaincre de lire le compte-rendu intégral du procès de Jeanne à Rouen. Elle avait raison de me renvoyer à ce document. Je n'ai pas lu l'intégrale des minutes d'un procès de cent jours, mais je me suis attaché à l'essentiel. Les réponses de Jeanne sont aussi saisissantes que le machiavélisme de ses accusateurs. Le tout sous le regard inquisiteur des Anglais.

On évoque très souvent ce procès-fleuve. En revanche, on en prend rarement connaissance, ne serait-ce qu'en lisant de larges extraits. Il m'a paru plus intéressant, comme on tâte le grain d'une étoffe, de pouvoir faire « toucher » la tonalité de ces longues audiences. À lui seul, l'extrait assez long que j'ai choisi dit beaucoup de choses sur la douce fermeté et l'habileté de Jeanne qui, alors, n'a pas dix-neuf ans.

Deuxième audience du procès de Jeanne*

Jeudi 22 février 1431, salle de Parement du château de Rouen

« Jean Beaupère, *délégué à Rouen par l'évêque Jean Cauchon.* – Tout d'abord je vous exhorte à dire vérité sur ce qu'on demandera, comme vous l'avez juré.

Jeanne. – Vous me pourriez bien demander telle chose sur laquelle je répondrais vérité, et sur une autre je ne la répondrais pas. Si vous étiez bien informés de moi, vous devriez vouloir que je fusse hors de vos mains. Je n'ai rien fait fors par révélation.

Jean Beaupère. – Quel était votre âge quand vous avez quitté la maison de votre père ?

Jeanne, *haussant les épaules.* – De mon âge, je ne saurais déposer.

Jean Beaupère. – Dans votre jeunesse, avez-vous appris quelque métier ?

Jeanne. – Oui, à coudre panneaux de lin, et à filer, et je ne crains femme de Rouen pour filer et coudre.

---

* Tremollet de Villers, *Jeanne d'Arc, Le Procès de Rouen*, Les Belles Lettres, 2016.

Jean Beaupère. – N'avez-vous pas quitté une fois la maison de votre père ?

Jeanne. – Par crainte des Bourguignons, j'ai quitté la maison de mon père, et suis allée dans la ville de Neufchâteau, en Lorraine, chez une certaine femme, surnommée la Rousse, où j'ai demeuré environ quinze jours.

Jean Beaupère. – Que faisiez-vous quand vous étiez dans cette maison ?

Jeanne. – Quand j'étais dans cette maison, je vaquais aux besognes familières de la maison, et je n'allais pas aux champs avec les brebis et autres bêtes.

Jean Beaupère. – Confessiez-vous vos péchés chaque année ?

Jeanne. – Oui, et à mon propre curé. Et quand le curé était empêché, je me confessais à un autre prêtre, avec le congé dudit curé. Quelquefois aussi, deux ou trois fois à ce que je crois, je me suis confessée à des religieux mendiants. Et je recevais le sacrement d'Eucharistie à la fête de Pâques.

Un assesseur. – Receviez-vous le sacrement d'Eucharistie aux fêtes autres que Pâques ?

Jeanne. – Passez outre.

Jean Beaupère. – Quand avez-vous commencé à ouïr ce que vous nommez vos voix ?

Jeanne. – Quand j'eus l'âge de treize ans, j'eus une voix de Dieu pour m'aider à me gouverner. Et la première fois, j'eus grand-peur. Et vint cette voix environ l'heure de midi, au temps de l'été, dans le jardin de mon père, en un jour de jeûne. Je n'avais pas jeûné la veille. J'ouïs la voix du côté droit vers l'église, et rarement je l'ouïs sans clarté. En vérité, il y a clarté du côté où la voix est ouïe, il y a là communément une grande clarté. Quand je vins en France, souvent j'entendais cette voix.

Jean Beaupère. – Comment voyez-vous la clarté que vous dites quand cette clarté est sur le côté ?

Jeanne. – Si j'étais dans un bois, j'entendrais bien la voix venant à moi.

Jean Beaupère. – Comment était cette voix ?

Jeanne. – Il me semblait que c'était une digne voix, et je crois que cette voix était envoyée de par Dieu. Lorsque j'eus ouï par trois fois cette voix, je connus que c'était la voix d'un ange. Cette voix m'a toujours bien gardée, et je comprenais bien cette voix.

Jean Beaupère. – Quel enseignement vous donnait cette voix pour le salut de votre âme ?

Jeanne. – Elle m'enseigna à me bien conduire, à fréquenter l'église. Elle me dit qu'il était nécessaire que je vinsse en France.

Un assesseur. – Sous quelle forme cette voix vous est-elle apparue ?

Jeanne. – Vous n'aurez pas cela de moi, cette fois. Cette voix me disait, deux ou trois fois la semaine, qu'il fallait que je partisse et que je vinsse en France, et que mon père ne sût rien de mon départ. La voix me disait de venir en France, et je ne pouvais plus durer où j'étais. Cette voix me disait encore que je lèverais le siège mis devant la cité d'Orléans. Elle me dit en outre d'aller à Robert de Baudricourt, dans la ville de Vaucouleurs, et qu'il me baillerait des gens pour aller avec moi. Et alors je répondis que j'étais une pauvre fille qui ne savait monter à cheval ni mener la guerre. J'allai chez un mien oncle, et lui dis que je voulais demeurer quelque menu temps chez lui. Et j'y demeurai environ huit jours. Et je dis alors à mon oncle qu'il fallait que j'allasse en ladite ville de Vaucouleurs. Et mon oncle lui-même m'y mena. Quand je fus venue en ladite ville de Vaucouleurs, je reconnus Robert de Baudricourt encore que je ne l'eusse jamais vu auparavant. Je reconnus par cette voix ledit Robert, car la voix m'avait dit que c'était lui. Et je dis à Robert qu'il fallait que je vinsse en France. Robert par deux fois me repoussa et me refusa, et la tierce, il me reçut et me bailla des hommes. La voix m'avait dit ce qui arriverait.

Jean Beaupère. – En quel habit étiez-vous, quand vous êtes partie de Vaucouleurs ? Où êtes-vous allée ?

Jeanne. – À mon départ de ladite ville de Vaucouleurs, étant en habit d'homme, portant une épée que m'avait baillée ledit Robert de Baudricourt, sans autres armes, accompagnée d'un chevalier, d'un écuyer, et de quatre serviteurs, je gagnai la ville de Saint-Urbain et passai la nuit en l'abbaye. En ce voyage, je passai par la ville d'Auxerre, et j'ouïs messe en la grande église. Alors j'avais fréquemment mes voix, avec celle dont j'ai déjà fait mention.

Jean Beaupère. – Par le conseil de qui avez-vous pris habit d'homme ?

Jeanne. – Passez outre.

Un assesseur. – Nous vous requérons de nous dire par le conseil de qui vous avez pris habit d'homme.

Jeanne. – Passez outre.

Jean Beaupère. – Qui vous l'a conseillé ?

Jeanne. – De cela je ne charge homme quelconque.

Jean Beaupère. – Que vous dit Robert de Baudricourt lors de votre départ ?

Jeanne. – Ledit Robert de Baudricourt fit jurer à ceux qui me conduisaient de me conduire bien et sûrement. Et Robert me dit, à moi, au moment que je le quittai : « Va-t'en et en advienne ce qu'il pourra advenir ! »

Jean Beaupère. – Que savez-vous du duc d'Orléans ?

Jeanne. – Je sais bien que Dieu chérit le duc d'Orléans. Et j'ai eu sur lui plus de révélations que sur homme vivant, excepté sur mon Roi.

Jean Beaupère, *qui revient à sa seule préoccupation*. – Pourquoi avez-vous quitté l'habit de femme ?

Jeanne. – Il fallait bien que je changeasse mon habit pour habit d'homme. Je crois que mon conseil m'a bien dit. »

Les accusateurs de Jeanne récompensés

J'ai déjà cité dans ces pages la belle colère de Georges Bernanos quand il prit connaissance, en 1929, du dossier de canonisation de la Pucelle d'Orléans (1920). C'est encore à lui que j'emprunte quelques indications sur *les récompenses reçues par les principaux accusateurs de Jeanne, après l'immolation de cette dernière sur le bûcher de Rouen le 30 mai 1431*. Ces lignes sont les plus sévères pour les prélats qui, obéissant aux Anglais, envoyèrent Jeanne à la mort. Et en furent généreusement remerciés.

Les juges de Jeanne ont vécu couverts d'honneurs et chargés de bénéfices : le recteur de l'Université, Jean Beaupère, s'en ira résider à Besançon, sous la protection du roi de France ; Thomas de Courcelles, qui était d'avis que la pauvrette fût torturée *pour la médecine de son âme*, mourra doyen du chapitre de Notre-Dame, et c'est d'un autre bourreau, Guillaume de Conti, que Charles VII recevra la bienvenue, à sa rentrée solennelle dans la bonne ville de Paris.

Thomas Loiseleur terminera paisiblement sa carrière à Bâle, et il n'est pas vrai qu'il fût jamais banni. Pierre Cauchon représentera l'Église d'Angleterre au concile de 1435, et mourra dans son magnifique hôtel Saint-Cande, à Rouen, entre les mains de son barbier. On l'enterrera dans la cathédrale d'Évreux, près de la chapelle de la Vierge. Le cardinal Beaufort, ancien légat du pape Martin V en Allemagne, et qui avait prêché la croisade contre les hussites, finira chancelier d'Angleterre.

Je n'évoque ici que les principaux cas. Il y en eut beaucoup d'autres.

Dès le lendemain de la mort de Jeanne, commença une autre histoire qui dure encore. Chacun chercha à récupérer la mémoire de cette héroïne de l'histoire du monde, France comprise. Ces tentatives d'accaparement impliquèrent tous les bords politiques, de l'extrême droite à l'extrême gauche. Elles mobilisèrent de nombreux écrivains, historiens, journalistes, responsables politiques.

On est pris de vertige à la lecture des centaines de pages que les auteurs du gros livre de la collection « Bouquins » consacrent à la postérité de Jeanne, depuis le procès en réhabilitation lancé en 1455, vingt-quatre ans seulement après l'immolation de 1431. Un procès qui aboutit à annuler rétrospectivement la sentence de mort. Entre cette étape et aujourd'hui, le souvenir de Jeanne ne cesse jamais d'être présent dans notre histoire, avec les débats qui l'accompagnent de siècle en siècle.

La période qui va de la chute du Second Empire en 1870 à la Libération de 1944 coïncide avec l'apogée de la popularité de Jeanne. Son existence historique est devenue un atout pour la France et les Français. Ils « disposaient » enfin, si l'on peut dire, d'une héroïne dont le caractère exceptionnel n'avait pas besoin de manipulation pour paraître tel. Pendant ce long intervalle historique, Jeanne fut une figure consensuelle, capable de consoler mais surtout d'unifier.

Le temps des « accapareurs »

Au XVIIIe siècle, Voltaire avait été l'un des rares à s'en prendre (maladroitement) à Jeanne d'Arc, dans une sorte de poème sulfureux publié en 1762. Dans *La Pucelle d'Orléans, poème divisé en vingt chants, avec des notes*, il n'hésite pas à railler – grassement – Jeanne d'Arc. Un texte médiocre qu'il aurait mieux fait de garder pour lui. Pour le reste, on prête à Roosevelt cette saillie contre le général de Gaulle : « Comment voulez-vous que je fasse avec un homme qui se prend à la fois pour Jeanne d'Arc et Napoléon ! »

Aujourd'hui, les accapareurs les plus bruyants sont à l'extrême droite. On se souvient de quelle façon Jean-Marie Le Pen a « privatisé » Jeanne d'Arc au bénéfice de son parti en organisant une « fête de Jeanne d'Arc » chaque 1er mai à Paris depuis 1988. Faisant cela, il s'appropriait les deux Jeanne : celle de droite, symbole de la défense du pays contre l'envahisseur étranger, et celle de gauche, fille de paysans, personnage idéal pour un parti qui veut être la voix du peuple.

Mais la même Jeanne d'Arc est parfois admirée et honorée à l'extrême gauche. J'ai encore parmi mes livres celui de Daniel Bensaïd, *Jeanne, de guerre lasse*[*], publié en 1991. Et je l'ai relu avec soin. Daniel Bensaïd, né le 25 mars 1946 à Toulouse et mort le 12 janvier 2010 à Paris, est un philosophe et théoricien trotskiste français.

---

* Daniel Bensaïd, *Jeanne, de guerre lasse*, Gallimard, coll. « Au vif du sujet », 1991.

Sur Jeanne d'Arc, Bensaïd fait montre d'une probité amoureuse qui force le respect. Qu'il me suffise de citer quelques lignes.

« Si le pouvoir de séduction [de Jeanne] demeure aussi fort, sur l'imagination populaire et la création littéraire, c'est bien parce que la légende ne parvient jamais à épuiser le merveilleux de cette histoire. Il y a, dans la force magnétique qui attire à Jeanne, les amours les plus contrastés, l'intuition que se manifeste en elle un étrange principe de résistance universelle. En des temps nauséabonds et faisandés, où des cadavres fétides sortent des placards, où les délires que l'on voulait croire exceptionnels menacent de devenir la règle, où les guerres qui s'annoncent associent la froideur professionnelle des technologies à la ferveur des fanatismes nationaux et religieux, Jeanne apparaît toute fraîcheur*. »

Je suis sensible à la sincérité qu'exprime ce témoignage d'un militant politique qui pourtant, au cours de sa vie, s'est frotté à des situations brutales, pour ne pas dire violentes. N'étant pas de

* Daniel Bensaïd, *Jeanne, de guerre lasse*, © Gallimard, coll. « Au vif du sujet », 1991.

cette « paroisse », j'avais déjà lu et cité avec respect un autre ouvrage de Bensaïd, politique celui-ci : *Une lente impatience**. Son texte sur Jeanne est exemplaire.

Une fois encore, je me retrouve plus ému que jamais dans l'appréciation douce des choses, troublé quand, une fois encore, cette paix de l'âme reprend le gouvernement de moi-même. Tel est, décidément, le défi qu'il nous faut relever pour, sans hésitation, entrer dans la douceur. Là-bas nous est proposée une autre façon de vivre. Mais la douceur est d'abord un climat, un apaisement.

Parvient-elle à changer pour de bon la politique ? C'est la vraie question.

---

* Daniel Bensaïd, *Une lente impatience, op. cit.*

7
La politique chavirée

« Le mouvement écologique est né bien avant que la détérioration du milieu et de la qualité de la vie pose question à l'humanité. Il est né d'une protestation contre la destruction de la culture du quotidien par les appareils du pouvoir économique et administratif. »

André Gorz*

* André Gorz, *Éloge du suffisant*, PUF, 2019.

L'expression « chavirée » me paraît convenir au sort que connaît la vraie – et digne – politique démocratique. Elle est chavirée au sens où tous les instruments et les concepts qui lui servent à fonctionner sont étalés autour d'elle, comme au moment d'un naufrage. Elle n'est pas encore coulée, c'est-à-dire défunte, même si quelques politiciens « corsaires », un peu partout sur la planète, spéculent sur cette éventualité. Faisant cela, ils agissent comme des enfants rageurs qui cassent leurs jouets. Je pense au président américain Donald Trump, bien sûr, mais il y a d'autres gribouilles du même acabit dans le monde.

Alors ? Pour nous ressaisir et – peut-être – conjurer l'effondrement annoncé, il faut tenter de *réfléchir d'une autre façon à la politique*. Surtout pas en opposant mécaniquement les partisans du blanc et ceux du noir, les défenseurs du bien et ceux que le mal fascine, les militants actifs et les indifférents fatalistes. C'est d'abord une *logique historique* que nous avons perdue et qu'il faut retrouver. Il s'agit d'assembler à nouveau les ingrédients constitutifs d'une vraie démocratie.

Je propose d'en examiner paisiblement quelques-uns, afin de comprendre à nouveau comment ils peuvent interagir pour refonder et fortifier la politique, au sens où nous l'entendions jusqu'à présent. J'ai la conviction qu'ils font mieux que « s'assembler ». Ils s'emboîtent l'un dans l'autre comme les matriochkas, ces poupées russes de tailles décroissantes placées les unes à l'intérieur des autres. Le mot « matriochka » est dérivé du prénom féminin Matriona, traditionnellement associé à une femme de la campagne, robuste et aux formes généreuses.

Dans mon esprit, la matriochka mère, celle qui peut accueillir toutes les autres, c'est la vision d'avenir, le dessein collectif, que le philosophe Emmanuel Levinas définissait comme un *horizon d'espérance*. Il savait que seuls cet horizon et cette espérance permettaient aux citoyens de vivre ensemble. Pour cela, Levinas nous encourageait à préférer la douceur à la bagarre, la détermination d'un homme d'État au flottement dommageable de ces politiciens qui ne savent plus décider sans tergiverser.

Or cet horizon, nous l'avons perdu de vue. Et chacun ressent la cruauté de cette perte. Désormais, les décisions politiques sont le plus souvent trop lentes à venir ou au contraire bâclées. Nos sociétés – et pas seulement en France – se condamnent au piétinement et aux gesticulations superfétatoires. Quelque chose s'est grippé dans le moteur démocratique. Nos dirigeants ne savent plus discerner instantanément la différence entre l'essentiel et l'accessoire.

Prenons l'exemple – accablant – de la tragédie climatique. Nous l'affublons de diverses appellations : transition écologique, effondrement de la biodiversité, enlaidissement du monde, explosion des inégalités, présentes et à venir, etc. Ce salmigondis est une façon de ne pas désigner ce qui nous menace vraiment, et de justifier sans le dire la procrastination dans laquelle nous somnolons. Le Petit Robert définit ainsi ce dernier substantif : tendance à tout remettre au lendemain, à temporiser.

Bien sûr, une décision n'est jamais simple à prendre. Et pensons-y avant de charger les politiciens. L'alternative devant laquelle le décideur se trouve placé ressemble à une équation à plusieurs inconnues. Trop souvent, il se voit condamné à ne pas choisir entre un bien et un mal, mais entre un bien et un autre bien. D'où ces palinodies. Sans parler des colloques internationaux et des sommets planétaires qui ressemblent à de grandes cérémonies religieuses. Magiques mais vaines. Les dirigeants du monde entier viennent y promettre et promettre encore. Après avoir énergiquement parlé, ils croient de bonne foi avoir agi. Les malheureux!

Ont-ils oublié que le plus souvent, dans l'Histoire, les décisions sont très difficiles à prendre, et peuvent se révéler catastrophiques. On cite par exemple la maladresse du traité de Versailles, signé le 28 juin 1919 entre l'Allemagne vaincue et les alliés vainqueurs. Le traité fut si « vengeur » qu'il contribua au succès du national-socialisme, dès le début des années 1930. C'est-à-dire une dizaine d'années plus tard. Un manque de clairvoyance aux conséquences funestes.

Si l'on en croit les scientifiques travaillant pour le GIEC (Groupe d'experts intergouvernemental sur l'évolution du climat), la même bévue pourrait être commise demain, avec des conséquences encore plus graves. Leurs effets, nous disent les spécialistes, pourraient être encore plus meurtriers, en termes de vies humaines, que ceux des deux guerres mondiales réunies.

La prison du court terme

Ces défaillances ne sont pas forcément imputables à la faiblesse ou à la lâcheté des décideurs. Elles sont le produit d'un phénomène plus global : l'emprisonnement de nos sociétés dans la pensée du court terme. *Nos élus, y compris sur notre Vieux Continent, ont perdu la capacité de voir au-delà du court terme. Et de décider en conséquence.* Bien sûr, il arrive qu'un élu, un ministre ou même un chef d'État vertueux refuse cette « pression » du court terme afin de décider en pensant au futur plus lointain. Ce futur, il s'agit de le protéger, ou simplement de le permettre. (« Empêcher que le monde ne se défasse », disait Albert Camus à Stockholm, le 10 décembre 1957, lors de son discours de réception du prix Nobel.)

Mais la « pensée dominante » (cette réalité gazeuse et tyrannique) semble avoir déjà pris acte de la situation. Pour s'y résigner. Une pensée molle s'est ainsi instaurée à bas bruit dans nos sociétés. Elle nous susurre qu'il faut profiter de l'instant qui passe et qu'il ne sert à rien de nous projeter dans l'avenir. Des essayistes et des philosophes ont fait carrière en critiquant ce que les juifs et les chrétiens appellent l'espérance. L'espérance, pensent-ils, est du temps perdu, un mauvais calcul. En réalité, elle ne perd son sens que si l'on pense que l'avenir est vide, et l'histoire humaine une froide « mécanique ».

Cette prison du court terme contribue à défaire ce que j'appelle le « principe d'humanité », *c'est-à-dire ce qui nous fait humains*. Les convictions minimales que nous partageons et qui, au-delà des différences d'opinions, nous *rassemblent* assez pour que nous puissions vivre en privilégiant la douceur. Pour cela, nous avons besoin du déroulé du temps long.

Nous, Occidentaux, nous sommes d'ailleurs construits en imaginant que le temps va quelque part. Levinas reprenait volontiers cette formule. « L'Europe, disait-il, a bâti sa vision du temps et de l'Histoire sur cette conviction et cette attente : le temps promettait quelque chose. Malgré son refus de la transcendance et de la religion, le régime soviétique était l'héritier de cette conception. Depuis la révolution de 1917, on avait le sentiment que quelque chose continuait à s'annoncer, à se préparer en dépit des obstacles et des erreurs. Le temps, en somme, était prometteur*. »

Cela voulait dire qu'un être humain ne se réduisait pas à la somme de ses actes et qu'il existait – forcément – une instance d'appel pour venir corriger le premier jugement irréfléchi. Plusieurs expressions expriment cela : « L'avenir me rendra justice », « On réalisera un jour ou l'autre qui j'étais vraiment ». Cette idée d'une possible réévaluation d'un premier jugement joue également de façon individuelle. Un père ou une mère savent que leurs enfants ou petits-enfants, en avançant en âge, corrigeront probablement (pas toujours, mais souvent) leur jugement sur leurs parents.

Hélas, la prévalence du court terme anéantit cet espoir d'une révision en appel. Cela a pour

* Voir un long entretien avec Emmanuel Levinas dans *Le Monde* du 2 juin 1992.

conséquence première d'exacerber la compétition de tous contre tous. Il s'agit de gagner tout de suite, car la chance, dit-on, ne repasse pas les plats. Adieu convictions consolantes, au revoir douceur tranquille. Pas question de (trop) compter sur la tendresse, le pardon, la compassion. C'est ce souci élémentaire qui fondait le principe juridique de la « prescription ». Passé un certain nombre d'années, elle interdisait de punir un coupable. L'ardoise était considérée comme effacée. Le coupable était laissé à ses remords, si toutefois il en éprouvait.

Cette « prescription » fut longtemps au fondement de notre droit pénal. Elle est aujourd'hui mise en cause, grignotée, repoussée, raccourcie. Le plus souvent, pour de bonnes raisons. Certains crimes ou délits nous paraissent trop ignominieux pour qu'ils puissent être prescrits. On pense aux violences sur des enfants, à la brutalité ou même au meurtre des conjointes par leur conjoint, au terrorisme aveugle. Dans une société médiatique, l'émotion collective l'emporte fréquemment sur le droit. Elle est un raz-de-marée que rien n'arrête.

Mais alors ? Sommes-nous en train de bâtir un monde sans pardon ? C'est la question inquiète que posait le philosophe Paul Thibaud, ancien directeur de la revue *Esprit* (et ancien président de l'Amitié judéo-chrétienne). Dans un article consacré à l'affaire du cardinal Barbarin (sévère pour ce dernier), il s'interrogeait sur l'évolution du droit pénal français. Ce qui fonde désormais la peine, ce n'est plus tant la défense de la société mais la souffrance de la victime. Cette évolution est légitime – notamment pour le crime de pédophilie –, mais elle entraîne une conséquence redoutable qu'il faut prendre en compte : un monde sans pardon serait inhabitable.

Aujourd'hui, un nuage empoisonné (sons, images, discours, explosions, massacres, etc.) flotte sur le monde. Tout nous suggère une idée de comptes non soldés, de déficits creusés, de violences amassées comme des bombes dans le secret des consciences. Devant ce vertige, nous pensons aux innombrables réconciliations qu'il faudra, tôt ou tard, mettre en marche. Comment ferons-nous ? Comment feront nos semblables ? Quelle générosité faudra-t-il mobiliser ? Le simple fait de poser la question montre qu'un monde sans aveu serait carrément invivable.

Alors ? Après avoir accepté, pour de bonnes raisons, que certains crimes soient imprescriptibles, il nous appartiendra de réinventer des procédures d'aveu mais aussi de « pardon » et de mise à distance. Si toutefois on veut continuer de vivre ensemble.

Les catégories sociales « réalignées »

Une autre difficulté menace toute société sans promesse d'avenir.

Les catégories de populations, de professions, de métiers, de savoir-faire ne sont plus positionnées selon leur utilité sociale, mais d'après leur aptitude à gagner, et gagner encore. Elles sont réalignées et « réévaluées ». Le meilleur exemple est tout récent. Les soignants et les profs remplissent les deux fonctions non seulement les plus utiles, mais les plus nécessaires à nos sociétés : soigner et enseigner. La pandémie nous a permis de le vérifier. Ces deux catégories de salariés ont été – et demeurent – en première ligne face au coronavirus. Ils ont été « sur le front », avec tous les risques que cela entraînait.

J'ajoute que cela faisait longtemps que ces hommes et ces femmes n'avaient pas été traités comme ils le méritent. Ils sont victimes depuis plusieurs décennies d'une inégalité de traitement déraisonnable. Au printemps 2020, la prise de conscience de cette inimaginable injustice a poussé des millions de citoyens à se mobiliser chaque soir pour acclamer et remercier les soignants et les enseignants. Hélas, à mesure que le danger s'éloignait, la remise à niveau des salaires et des conditions de travail (dans les hôpitaux publics, par exemple) sembla moins urgente ! Les campagnes lancées par l'exécutif afin d'organiser ce rattrapage furent jugées insuffisantes par les intéressés. Vers la fin de l'été 2020, le « Ségur de la santé » fut même qualifié d'« opération de communication » par beaucoup de médecins généralistes.

Cela nous renvoyait aux logiques du « monde ancien » qui avaient contribué à nous faire oublier les pauvres. Voilà plusieurs décennies que le processus était enclenché. Et nous avions laissé faire ! Les sociétés du Vieux Continent, tout comme la société américaine, avaient vu s'accroître la précarité, l'exclusion, le chômage de masse, au nom d'une logique financière qui transformait les humains en « variables d'ajustement », comme disent les économistes. Chez nous, les différentes gauches n'ont pas mesuré assez vite la gravité d'un séisme idéologique qui, en quelques années, a expulsé les pauvres du paysage politique et médiatique. L'aspiration égalitaire s'est trouvée ringardisée ; on s'est mis à la comparer à de l'ouvriérisme ; on a fait des gorges chaudes sur « l'assistanat ».

À gauche, les intellectuels avaient déserté le champ social, à l'exception de quelques-uns, comme le sociologue Pierre Bourdieu (disparu en 2002), qu'on s'attacha vite à discréditer. Les partis politiques avaient rendu les armes aux nouvelles dominations, sans réaliser que se répandait partout une maladie contagieuse, celle de l'argent et de la cupidité. Une maladie grave, une déroute et même un accident de la pensée.

Les inégalités sociétales (mœurs, minorités sexuelles, etc.) occupaient le devant de la scène, surtout à Paris, et reléguaient au second plan les inégalités sociales. Pour dire les choses plus simplement, pendant une vingtaine d'années, les socialistes se sont convaincus (à tort) que la permissivité, plus ou moins héritée de Mai 68, les ancrait encore « à gauche ». Si je suis tolérant au sujet des mœurs, alors je suis sans reproches !

Ce fut l'ambiguïté empoisonnée de la stratégie dite « libérale-libertaire ». Elle fut illustrée, sur le plan médiatique, par les bizarres retrouvailles entre Daniel Cohn-Bendit, icône de Mai 68, et l'ancien ministre Alain Madelin, jadis à l'extrême droite, et proche aujourd'hui de ceux qu'on appelle aux États-Unis les « libertariens ». Daniel Cohn-Bendit et ses amis ont désormais rallié le pouvoir en place. Ils exercent, à l'Élysée, la fonction flatteuse – mais surestimée – de visiteurs du soir.

Aujourd'hui, nous avons appris que notre capacité de vivre ensemble dépend surtout de ce que le sociologue allemand Norbert Elias, dans un ouvrage, baptisait *La Civilisation des mœurs*. Ce livre, publié en Suisse en 1939, fut longtemps ignoré. Sa publication en France dut attendre trente-cinq années et n'intervint qu'en 1974. L'auteur y raconte comment, de siècle en siècle, s'est déroulé un processus qui nous a accoutumés à prendre de la distance avec ce qu'il y a chez nous d'animal, d'instinctif ou de pulsionnel. À partir de la Renaissance, les mœurs évoluent. Le crachat, autrefois tenu pour une pratique saine, est désormais perçu comme inconvenant. Pour la table, on invente la fourchette qui remplace les doigts. La nudité recule et la sexualité devient assez taboue pour qu'on s'interdise d'en parler devant les enfants.

Bien sûr cette civilisation des mœurs concerne d'abord les classes privilégiées (noblesse, bourgeoisie, gens d'Église), mais elle est assez rapidement partagée. La sensibilité de tous évolue. En témoignent le dégoût et la honte que nous éprouvons à l'évocation de pratiques « non civilisées » qui étaient banales au Moyen Âge. Cela montre que nos sociétés ont intériorisé cette nouvelle civilité, consistant en un « contrôle des affects ». C'est lié, pour Norbert Elias, à l'apparition d'un État fort et centralisé qui acquiert le monopole de la violence physique.

Une société « tenue » par la police et la punition ?

L'aggravation de la situation politique donne aujourd'hui raison à l'économiste Jacques Généreux, qui fut mon collègue aux éditions du Seuil. Il publia en 2006 un livre intitulé *La Dissociété*. La façon dont il explique le choix de ce titre m'a tout de suite semblé convaincante.

La dissociété, explique-t-il, est cette force centrifuge qui éclate en éléments rivaux les composants solidaires d'une société humaine. Un processus de destruction des liens sociaux, au profit du culte de la performance individuelle et de la compétition, se met en marche. Nation éclatée en « communautés », ghettoïsation, guerre économique imposée entre les travailleurs comme entre les régions, exclusion des perdants, repli sur soi… Pourquoi résistons-nous si mal à l'idéologie néolibérale d'une pure *société de marché* où les liens se racornissent en simples échanges ou connexions ?

En partie parce que cela résulte d'une erreur anthropologique de la culture occidentale qui a contaminé la plupart des courants de pensée politique du XVIIe siècle à nos jours : l'individu humain peut exister par lui-même, en dehors de ses liens sociaux. Cette « erreur » entraîne une cascade de conséquences. La disparition d'une « vision » et le deuil mortel de l'espérance s'accompagnent d'une dissolution accélérée du *nous* au bénéfice du *moi*. La cohésion sociale ne fonctionne plus. La société cesse d'être un « tout » pour devenir un « tas », selon la formule heureuse de Régis Debray.

Un « tas » sans principes communs, sans convictions partagées, sans volonté durable.

Pour tenir à peu près en ordre pareil « tas », il reste le Code pénal, la punition et la police. La douceur perd définitivement la partie. Une brutalité la remplace et peut, à tout moment, virer à la sauvagerie. *Chacun se croit capable de se constituer lui-même en tant qu'humain.* L'autre ne m'est plus nécessaire. La relation non plus. Dans les années 1980-1990, on voit surgir des formules, des titres de livre ou d'émissions de télévision représentatifs : « Moi d'abord ! », « C'est mon choix », « Je décide moi-même », etc. À l'époque, bien rares furent les intellectuels à réaliser ce que tout cela annonçait.

J'ai été l'éditeur (au Seuil) de plusieurs livres du polytechnicien et philosophe au CNRS Olivier Rey. Dans l'un d'eux, il s'alarmait de la chimère de l'autoconstruction de l'homme par lui-même. Ce livre, *Une folle solitude. Le fantasme de l'homme auto-construit**, fit l'effet d'une (petite) bombe. Son auteur avait des états de

* Olivier Rey, *Une folle solitude. Le fantasme de l'homme auto-construit*, Le Seuil, 2006.

service qui invitaient à prendre au sérieux chacun de ses textes.

Il partait, au surplus, d'un minuscule détail. Tout au long du XXe siècle, les poussettes destinées aux petits enfants étaient construites de façon que l'enfant soit tourné vers l'adulte qui le promenait. Dans les années 1970, un retournement est intervenu, au sens propre du terme : les nouvelles poussettes orientent désormais les enfants vers l'avant. Ils tournent le dos à l'adulte qui les promène. Pourquoi ?

Sous ses apparences anodines, cette inversion invite à une réflexion de première importance sur le monde contemporain. La démocratie et la science, nos références cardinales, ont contribué conjointement à cet étrange retournement : l'une et l'autre privilégiant un sujet libéré du poids du passé, des entraves traditionnelles ; *un sujet regardant d'emblée vers l'avant et persuadé qu'il est capable de s'auto-construire.* À tort ?

Serions-nous devenus des surhommes qui tirent leur être d'eux-mêmes et élaborent de façon autonome leurs valeurs ? Ou bien sommes-nous demeurés des humains qui, à récuser toutes les autorités, s'abandonnent peu à peu aux déterminismes aveugles et aux fantasmes régressifs que, vaille que vaille, les civilisations s'efforçaient de conjurer ?

Pour Olivier Rey, les récits inventés depuis un demi-siècle par la science-fiction sont moins fantaisistes qu'on ne le pense : ils nous apprennent que le réel, sous couvert d'obéir à la stricte rationalité, est d'abord gouverné par l'inconscient. Or la biologie contemporaine, en s'emparant de la reproduction humaine, a entrepris d'appliquer des théories infantiles, de nous affranchir des chaînes généalogiques et de l'obscurité de l'origine sexuelle. L'examen des doctrines éducatives en usage, imaginant un enfant délivré de la tutelle des adultes, constructeur de lui-même, nous permet de mesurer à quel point l'utopie de l'autofondation a subverti notre monde. Je ne suis pas sûr que cette évolution soit compatible avec notre préférence pour la douceur.

Ruses et manigances

Le *moi* l'emportant sur le *nous*, les ruses et manigances de chacun au nom de ses intérêts personnels se trouvent plus nettement légitimées qu'elles ne l'étaient depuis 1804 dans notre Code civil. L'article 1382 stipule en effet que « tout fait quelconque de l'homme, qui cause à autrui un dommage, oblige celui par la faute duquel il est arrivé à le réparer ». On peut également citer ce précepte du philosophe britannique John Stuart Mill (1806-1873) : « La liberté des uns doit s'arrêter là où commence celle des autres. » C'était une façon d'affirmer que l'intérêt du collectif doit primer sur l'intérêt individuel. Sans nous en rendre compte, nous nous éloignons sans cesse de ces deux ancrages fondateurs. Pour aller où ?

Quand j'évoque les ruses et manigances, de quoi s'agit-il au juste ? De manquements très simples au civisme élémentaire. Ces manquements sont souvent anecdotiques, mais ils peuvent devenir graves. Je pense à ces incivilités agressives qui se généralisent depuis quelques années et font l'objet de dénonciations répétées. Elles créent un état permanent d'insécurité. Les réactions apeurées et défensives ne sont pas propices, c'est le moins qu'on puisse dire, avec le libre choix de la douceur.

Mon travail de correspondant de guerre m'a surtout appris à quel point la paix demeurait fragile. Une société, même policée par l'Histoire, peut basculer plus vite qu'on ne le croit dans la guerre civile. Quand, chez nous déjà, des échauffourées avec des armes de guerre, notamment des fusils d'assaut Kalachnikov, se prolongent plusieurs heures dans des villes de province comme Marseille ou Dijon, on réalise que si le pire n'est jamais sûr, il n'est plus très loin de nous.

Mais qu'adviendra-t-il des autres ruses et manigances ?

Prenons le cas de la dissimulation. Sur le terrain individuel, ce n'est pas une faute punissable, sauf si elle enfreint délibérément l'engagement solennel de celui qui a juré sur son honneur. Le reste du temps, elle est du ressort de la simple morale. Sur le terrain politique, en revanche, la dissimulation est un mensonge par omission que certains pays comme les États-Unis ne pardonnent pas à leurs élus, responsables et décideurs. Ils sont (ou ils étaient) parfois *condamnés pour avoir menti.*

Quant au mensonge proprement politique, il se ramène aux promesses non tenues. À leur propos, on a pris l'habitude de s'y résigner en ironisant à leur sujet grâce à la formule que tout le monde connaît : les promesses politiques n'engagent que ceux qui y croient. Sur le même sujet, que dire alors de notre sacro-sainte « communication » (la com'), fille naturelle de la publicité ? *On ne déforme pas la vérité en disant que c'est une façon de mentir par omission, en parlant beaucoup pour mouliner du vide.*

Les liens plutôt que les biens

Je vis avec un impératif catégorique sur la vérité. On dit de moi que je suis rugueuse. Par rapport à des gens de culture latine, avec un rapport plus élastique à la vérité, je suis germanique au sens caricatural : je ne rigole pas du tout avec le mensonge. Avec l'avènement de la société industrielle et du marketing, on est entré dans l'ère du mensonge permanent et institutionnalisé. Les élites, économiques comme politiques, mentent. Une société qui est fondée sur le mensonge voit son langage détruit. On ne sait plus ce que les mots veulent dire, puisqu'ils expriment l'inverse de ce qu'ils sont supposés signifier. Macron utilise des mots comme "bienveillance" ou "société civile". Il a poussé l'exercice du mensonge sémantique tellement loin qu'on ne peut le supporter, ça en devient épidermique.

L'échec du communisme nous a retiré la possibilité d'avoir un rêve alternatif. Il s'agit donc, désormais, de réinventer un autre discours, une autre narration, fondés sur la mutualisation, sur la conscience, sur la valorisation des liens plutôt que des biens, sur la liberté aussi. »

Claire Nouvian *

Je ne cherche pas à dramatiser la situation. Nous savons tous qu'il existe des élus qui ne trichent pas, des décideurs qui savent trancher avec discernement, des élus qui tiennent parole, des citoyens qui agissent avec un civisme scrupuleux. Bref, je pense à tous ces hommes et ces femmes grâce auxquels nos sociétés tiennent encore debout. Leur présence et leur nombre nous empêchent de désespérer, mais sans nous inviter à la résignation. *La vigilance critique – y compris à l'égard de*

---

* Claire Nouvian, « Les élites mentent », *L'Écologie du XXIe siècle*, © Le Seuil, coll. « Reporterre », 2020.

soi-même – est une composante essentielle du civisme. Elle alimente ce débat permanent qui est le signe d'une démocratie vivante. C'est ce que le philosophe allemand Jürgen Habermas, aujourd'hui nonagénaire, appelle la « démocratie délibérative ».

On ne devrait jamais en sous-estimer l'importance.

Je ne suis en rien germaniste, mais quand je m'étais intéressé à Habermas, j'avais pris quelques notes sur un de ses livres relativement ancien (1984) mais traduit en français en 1986 : *Morale et Communication.* J'avais noté ces quelques lignes : « Au lieu d'imposer à tous les autres une maxime dont je veux qu'elle soit une loi universelle, je dois soumettre ma maxime à tous les autres afin d'examiner par la discussion sa prétention à l'universalité. Ainsi, s'opère un glissement : le centre de gravité ne réside plus dans ce que chacun souhaite faire valoir, sans être contredit, comme étant une loi universelle, mais dans ce que tous peuvent unanimement reconnaître comme une norme universelle*. »

---

* Jürgen Habermas, *Morale et Communication*, Flammarion, coll. « Champs », 1999.

Le phrasé très germanique de cette traduction (peut-être mauvaise) gêne un peu les Latins que nous sommes majoritairement. Les remarques de Habermas n'ont pourtant rien perdu de leur pertinence, ni de leur actualité.

Force et fragilité de l'État de droit

Avec le temps, il arrive que l'État de droit s'affaiblisse assez pour que chacun en ressente les effets. Cela commence par cette inflation législative évoquée plus haut. Les lois et les règlements se multiplient. Ils déferlent carrément sur la tête des citoyens qui n'en peuvent mais. Cette prolifération de textes transforme le sens même de la fonction législative. *Leur fonction principale n'est plus de réglementer notre vie collective mais d'envoyer un message à la société.*

Que ces textes ne soient pas vraiment appliqués n'a plus d'importance. Ils sont là pour répondre à une émotion, apaiser une crainte, rassurer le corps social, manifester la présence de l'État protecteur. On peut comprendre cela. En revanche les textes médiocres, très mal écrits, se multiplient et leur indigence stylistique importe peu. Et c'est un comble ! Je garde en mémoire plusieurs de mes professeurs de droit civil à l'université de Bordeaux qui nous adjuraient de reconnaître, par contraste, la qualité d'écriture du Code civil. Qualités de concision, de clarté et de précision au regard desquelles les lois d'aujourd'hui, parfois votées et promulguées à la hâte, ressemblent souvent à un galimatias.

Quant à la fonction de « message envoyé à la société », elle trahit quelque chose d'assez troublant. Aujourd'hui, ce serait donc la loi, le règlement ou l'ordonnance de l'exécutif qui rempliraient une fonction autrefois dévolue aux commentateurs, journalistes ou éditorialistes. Ainsi se trouve consommée la prévalence du médiatique sur la politique. Pour dire les choses avec netteté, la politique au sens noble se met ainsi sous la coupe du médiatique. Elle se plie obligatoirement à ses règles, à sa superficialité, à son emballement incontrôlable.

Ce n'est qu'une crainte, mais notre façon de parler semble contaminée par cette transformation. On dit volontiers que « le temps médiatique » diffère du « temps politique », ou qu'un « jugement médiatique » ne doit pas être confondu avec « un verdict judiciaire ». Autant de façons, une fois encore, de nous rassurer trop vite. La réalité est que le jugement médiatique, instantané et obéissant à l'émotion, prend le pas sur la décision, la sentence ou le verdict d'un tribunal.

Un « point de vue » ou une « condamnation » médiatiques, par définition, n'entraînent aucune responsabilité puisque celui qui exprime l'un ou l'autre s'appelle « on ». Ajoutons qu'un tel « jugement » ne s'embarrasse pas de considérations humanistes. Il obéit surtout à ce qu'il croit être un utilitarisme radical. C'est dire que, peu enclin à la douceur, il obéit à une logique vengeresse. Doit-on en conclure que si le médiatique gouverne nos sociétés, la politique risque de ne plus exister du tout ?

C'est à chacun de répondre à la question. Je dirai qu'aujourd'hui, même si nous nous méfions de la politique, c'est elle qui a besoin de notre aide.

8

Message personnel

Tout peut encore arriver

« Le suprême état de chaque être ne relève pas de son esprit raisonneur mais de son âme. »

François Cheng*

* François Cheng, *De l'âme*, Albin Michel, 2016.

Quand j'écris « tout peut encore arriver », il s'agit du pire mais aussi du meilleur ; du naufrage comme de la remise à flot d'un navire pour un nouvel appareillage. Les chapitres qui précèdent, par l'effet d'une pure coïncidence chronologique, en portent témoignage. J'ai commencé à les écrire au mois de mars 2020, alors que nous venions d'être « confinés ». J'explique comment et pourquoi dans l'avant-propos. J'en achève l'écriture cinq mois plus tard, en septembre, au moment où un pays qui m'est cher, le Liban, affronte un nouveau cataclysme. Il en avait connu bien d'autres mais, cette fois, il s'effondre, miné par la corruption et l'égoïsme prédateur de ses dirigeants.

Mon travail d'écriture aura donc été encadré par deux situations symétriques et aussi sérieuses l'une que l'autre. La première nous confronta à un ennemi invisible, omniprésent et possiblement mortel : ce virus déjà répandu sur la Terre entière. La seconde nous rappela qu'un quasi-« miracle » – c'était le mot qu'on employait pour parler du Liban – pouvait se dissiper en quelques secondes, par la faute des hommes. Disons de certains d'entre eux…

Cette coïncidence me trouble. Elle nous questionne tous. Serons-nous capables de faire face à cette tragédie sanitaire, et saurons-nous aider les Libanais, sans nous ingérer dans leurs affaires. La brève citation de François Cheng que j'ai mise en exergue nous suggère une réponse. C'est vers l'âme cette fois qu'il faut nous tourner ; et si nous ne sommes pas croyants, alors c'est vers ce que François Mitterrand appelait les forces de l'esprit. La *résistance* nécessaire n'est plus seulement une affaire politique, juridique, administrative. Elle affecte les tréfonds de nous-mêmes. Le pire serait de barboter à la surface, en s'en remettant paresseusement aux « systèmes ». C'est-à-dire aux autres.

Mais qu'est-ce que cela implique, au juste ? À mes yeux, il faut nous interdire de céder à une tentation médiocre : faire le malin. Comme tout le monde, je risquais d'y céder. J'aurais alors obéi aveuglément à ce que le philosophe René Girard appelle la « contagion mimétique ». Agir comme les autres, copier mon comportement sur le leur. Autour de moi, dans les médias ou les conversations de trottoir, on voyait bien que beaucoup prenaient ce chemin. Sur soixante-sept millions d'habitants en France, les deux tiers au moins succombaient au mimétisme. Et jouaient aux génies méconnus.

Dix fois par jour dans les médias, nous aurons été interpellés par les recettes miracles que d'innombrables d'habitants affirmaient connaître et recommandaient. Jamais notre pays n'avait compté autant de spécialistes des maladies infectieuses, d'experts en épidémiologie, de chefs de clinique en puissance, de chercheurs patentés, ou plus simplement de lecteurs de Wikipédia. Cette cacophonie aurait pu devenir pittoresque. Elle était surtout exaspérante dans le climat troublé du moment. Ce « bruit de fond » parasite, nous devions le supporter vingt-quatre heures sur vingt-quatre, c'est dire.

Confronté à cette logorrhée de « je sais », « il faut » ou « il n'y a qu'à », on est toujours tenté d'y ajouter son grain de sel. Par essence l'imitation est contagieuse. La conscience du ridicule m'a protégé, comme un vaccin. Je vérifiais en tout cas que, dans de telles circonstances, les *travers humains* dénoncés dans les chapitres précédents – cynisme, dissimulation, procrastination, combines ou suffisance – deviennent trahison pure et simple. Les incivilités bénignes, comme la rouspétance contre l'obligation de porter un masque ou le refus des consignes citoyennes, aboutissent à mettre en danger la vie d'autrui. Face au coronavirus, avec lequel nous devrons vivre pendant de longs mois (ou plus), quelque chose s'ébréchait dans notre façon d'être ensemble, de nous aimer, de communiquer, de nous aider, de nous protéger.

Nous risquerions alors de ne plus être capables de douceur. Quelle défaite cela serait !

Quant à l'effondrement du Liban, il nous rappelle – si cela était nécessaire – que notre façon d'intérioriser l'égocentrisme, ce « moi d'abord » obstiné et oublieux de l'autre, nous rend toujours collectivement plus fragiles. Nous affaiblissons le groupe, la famille ou la nation en faisant cavalier seul. Au demeurant, dès que surgit un grave péril, le réflexe de solidarité se réveille. La référence rabâchée à la belle formule de Friedrich Hölderlin triomphe à nouveau : « Là où croît le péril, croît aussi ce qui sauve. » Ce fut le cas face au virus, mais ce fut aussi la règle dans les rues de Beyrouth noyées sous les vitres brisées et les gravats. Cette solidarité revenue est parfois puissante et toujours providentielle. Sauf que son « élan » s'essouffle assez vite, tandis que le péril, lui, perdure.

Là est toute l'ambivalence de nos sociétés développées. Dans le train-train quotidien, elles sont plutôt dures, individualistes, peu partageuses, sans vraie générosité. Périodiquement pourtant, stimulées par je ne sais quel remords, elles peuvent faire naître une énorme vague de générosité, que les médias relaient. C'est toujours ça de pris, même si, hélas, comme les vagues de la mer, celle-ci meurt assez vite sur le sable.

Vive la transgression ?

Il faut ici aborder une question maudite, celle de la transgression.

Elle m'interroge depuis toujours. De prime abord, elle a bonne presse chez nous. Elle nous permet de secouer les conformismes, de nous en prendre aux radotages, de défier utilement les moralisateurs et combattre les dominations. Cela est incontestable. Sauf que la transgression bravache, même rimbaldienne, nous fait oublier que *les interdits sont souvent porteurs d'un savoir caché, voire oublié*. Ils obéissent, parfois depuis des siècles, à une « précaution » vitale. Mais nous ne savons plus de quelle précaution ni de quel savoir ancien il s'agit.

Parfois ce « savoir ancien » n'a plus aucun sens. Le monde a changé, et la nature des dangers aussi. La transgression est alors une réaction légitime. C'est contre un archaïsme révolu depuis longtemps qu'elle se dresse. Chacun peut la comparer à un libérateur attaché au progrès, et qui refuse de prendre en compte les vieux tabous de nos ancêtres. Selon les cas, c'est vrai, selon d'autres, il s'agit d'une entourloupe délibérée.

J'ajoute, à propos du coronavirus et du naufrage libanais, que la vérité nous a déjà joué des tours. Dans les deux cas. Concernant la pandémie, la nouveauté radicale du virus condamna longtemps nos spécialistes à une ignorance embarrassée. Ils ne savaient pas grand-chose sur sa nature et sa façon de se comporter. On prit l'habitude de parler de lui comme d'une personne, avec ses stratégies, ses préférences, ses habitudes. En dépit de ces rassurants effets de langage, il demeura *terra incognita*, jusqu'à ce que nos experts – les « sachants » –, apprennent à le connaître. Cela prit du temps.

Il leur fallut un délai plus long que prévu, pour qu'ils se sentent capables de répondre aux questions simples. Porter un masque est-il utile ? Les plus jeunes sont-ils dangereux pour les personnes « fragiles », y compris les plus âgées ? Est-il risqué d'aller faire son marché en plein air ? Le flou des réponses encouragea la transgression. Les indisciplinés et les sceptiques se sentirent justifiés. Puisque les experts ne sont pas d'accord entre eux, ne les écoutons plus ! La conviction pouvait aller jusqu'au déni, mais comment savoir ?

Je ne peux m'empêcher de raisonner de la même façon pour le drame libanais. Pour mesurer le sens de l'événement et de sa soudaineté, il fallut un délai. Oui, tout le monde savait que le pays était rongé par la corruption. Les Libanais comprenaient qu'ils étaient paralysés, pris en otage, par le cynisme des politiciens et un communautarisme religieux désormais impraticable. (Se marier quand les futurs conjoints appartiennent à deux communautés différentes exige une véritable acrobatie juridique, et un voyage à Chypre.) Il n'empêche ! Jusqu'en 2018 ou 2019, le pays tenait quand même debout. Là était le « miracle ».

La débrouillardise des Libanais, le clientélisme politique et l'aide massive de la diaspora permettaient à la société de fonctionner quand même, vaille que vaille, en dépit de l'injustice affolante qui la minait. Et cela jusqu'au 5 août 2020 ; ce jour-là, l'explosion gigantesque sur le port de Beyrouth fracassa une partie de la ville, jusqu'à en répandre les débris dans les rues du centre. Le prétendu miracle libanais prenait fin.

La transgression révélait du même coup son autre visage. Il était moins glorieux. Quand les responsables politiques eux-mêmes transgressent les lois, les règles et le civisme élémentaire, leur transgression cesse d'être excusable. Le retour violent du tragique valait comme un rappel ! Méconnaître une règle commune, c'est toujours prélever un bénéfice indu, s'approprier une partie de ce qui appartient à tous. On ruine l'avenir lui-même en s'installant, au nom de la tradition, dans la corruption. La société tombe alors en panne d'espérance.

Ce n'est pas tout. La « civilisation des mœurs » de Norbert Elias que j'évoquais plus haut est le fruit d'une intelligence *construite* qui aura permis à nos lointains prédécesseurs de « fabriquer » des types humains qui permettent à une société d'exister. Et de durer. Pensons à des médecins qui croient à la médecine ; des professeurs qui savent enseigner avec patience et probité ; des élus intègres ; des fonctionnaires ou même des ministres respectueux de l'État ; des hommes d'affaires qui ne trichent pas avec les règles commerciales et financières.

Je me réfère ici, une fois encore, au sociologue Cornelius Castoriadis. Pour lui la question centrale est la suivante : nos sociétés sont-elles encore capables de construire ces types humains et ces vertus minimales ? Le seront-elles demain, dans l'avenir ? Rien n'est moins sûr. À force d'ironiser sur la morale républicaine et sur la morale tout court, on l'efface peu à peu du paysage mental. Il fut très à la mode de jouer au nietzschéen de salon en se moquant de la « moraline » des chrétiens que Nietzsche, l'athée emblématique, ne cessa de dénoncer.

Mon habitude ancienne de consigner mes notes de lecture dans mon ordinateur m'a permis d'avoir engrangé une « mémoire » de plusieurs millions de signes. Elle me rappelle parfois à l'ordre. En consultant ces notes pour chercher autre chose, il m'arrive de tomber sur des extraits que j'avais oubliés. Ainsi ai-je redécouvert récemment qu'André Malraux, avec ses mots et son style, avait formulé une remarque très voisine de celle de Castoriadis.

« En gros, écrit Malraux, nous vivons dans une civilisation qui nous apporte une puissance telle que l'homme n'en a jamais connue, et qui fait de la science une sorte – nouvelle – de valeur suprême. Le drame, c'est que nous savons cette valeur incapable de former un type humain.

Alors, en attendant, ce sera le temps des limbes, jusqu'à l'époque où quelque chose de sérieux resurgira*. »

Ne scions pas la branche sur laquelle nous vivons

Sans toujours s'en rendre compte, la société française se comporta comme si elle reprenait à son compte une version simplifiée (et donc fausse) de Nietzsche. Haro sur la morale ! Au diable la civilité ! Laissons la douceur aux esclaves et aux plus faibles ! Soyons forts et refusons la tempérance craintive ! Je parlais plus haut d'une préférence pour une vie dionysiaque plutôt qu'apollinienne. Je n'y reviens pas. Je constate simplement qu'en laissant nos sociétés devenir bagarreuses nous scions la branche sur laquelle nous vivons. Nous déchirons sans réfléchir la « bulle protectrice » à l'intérieur de laquelle la douceur, enfin, commençait à faire loi.

---

* Rapporté par Olivier Germain-Thomas, « Les yeux fertiles d'André Malraux », in *L'Occident en quête de sens*, Maisonneuve & Larose, 1996.

Ce choix malheureux nous a précipités dans les désordres du monde. Et quels désordres !

Faire la paix avec la Terre

« Crises économiques et financières, crises sociales, terrorisme global, désastre humanitaire des migrations, crise climatique et, pour couronner le tout, si l'on ose dire, la crise sanitaire du « coronavirus ». Il serait temps de les prendre au sérieux, à mesure que s'accélère la cacophonie née de cette polycrise. L'indignation citoyenne face aux dérives sécuritaires, la colère des « gilets jaunes » face aux inégalités sociales, la révolte des jeunes générations et l'appel des scientifiques face au changement climatique n'avaient pas suffi. Il aura fallu un virus, plus petit qu'une aile de papillon, pour faire trembler le monde, au point d'ébranler (enfin !) les certitudes de nos dirigeants.

Face à un réel danger, les États peinent, à l'échelle européenne comme à l'échelle mondiale, à arrêter la propagation de l'épidémie et à limiter ses conséquences : villes désertes, magasins dévalisés, éducation des jeunes interrompue, activités suspendues, Bourse en chute. Comme si ce minuscule être vivant était venu pour défier notre humanité mondialisée et révéler son impuissance. À moins qu'il offre à l'humanité une dernière chance pour prendre conscience de sa communauté de destin et se convaincre qu'embarqués sur le même bateau, nous avons besoin d'une boussole commune. »

*Mireille Delmas-Marty**

Une douceur révolutionnaire

Il faut dire que les désordres du monde étaient plus violents que jamais, exacerbés par ce que Jacques Ellul appelait l'« esprit de puissance ». Au début de l'été 2020, ses lecteurs ont pu avoir accès à un texte inédit, un fragment d'*Éthique de*

---

* Mireille Delmas-Marty est une juriste française, professeure honoraire au Collège de France et membre de l'Académie des sciences morales et politiques. Elle s'exprimait ici dans *Le Monde* du 17 mars 2020.

*la sainteté** dont la lecture m'a personnellement captivé. Pour le livre que j'étais en train d'écrire, cette réflexion tombait à pic. On y trouve définis les concepts de « limite », de « décision » et, *ipso facto*, de « liberté » qui irriguent l'œuvre entière du juriste et théologien protestant.

Sans oublier cette phrase magnifique : « La possibilité donnée à l'homme de se fixer lui-même des limites [par exemple « tu ne tueras point »] est un aspect qui subsiste de l'image de Dieu. » Ce dernier ne renonce-t-il pas à sa toute-puissance pour offrir à l'homme sa liberté ? À ce sujet, Ellul rejoint l'aphorisme de Friedrich Hölderlin : « Dieu a créé l'Homme comme la mer a fait les continents, en se retirant. »

Pour Jacques Ellul, notre folie moderne est de prétendre refuser toute finitude, de vaincre toutes les maladies, de triompher de l'espace pour nous orienter témérairement vers l'illimité. Cette orientation obéit à l'esprit de puissance, et c'est justement avec lui qu'il faut rompre. Cela revient à dire qu'en ce début de XXIe siècle, dans le vide

---

* Pas encore publié à ce jour.

des idées et la déréliction politique, la douceur est un projet révolutionnaire quoique pacifique.

Ce vent de folie qui secoue le monde entier a déjà des conséquences chez nous. Les représentations institutionnelles du réel fonctionnent mal. Les discours s'exténuent, l'emphase sonne creux... Or derrière ces paroles récitées du matin au soir, dans les soubassements de nos sociétés quelque chose commence à pousser, des réalités « autres » sont en germination, des paroles et des dissidences fusent par le moindre interstice.

On dirait que les diverses machineries institutionnelles – médias, télévisions, syndicats, partis traditionnels, leaders d'opinion, éditorialistes attitrés, etc. – ne reflètent plus autre chose qu'un passé en voie d'engloutissement. Ceux qui affirmaient être porteurs d'un nouveau monde et se disaient « en marche » se sont trompés et nous ont trompés. Le vieux monde est toujours là, ne serait-ce que par son image qui survit encore, comme celle des étoiles éteintes depuis des années-lumière mais dont la clarté nous parvient encore. Il suffit de sillonner la France pour se rendre compte que la réalité et les souffrances qu'on y trouve n'ont plus beaucoup de rapport avec la pauvre représentation qu'en donnent les institutions et les élus, prisonniers de leurs « éléments de langage ».

Quant aux médias, surtout audiovisuels, ils sont eux-mêmes des institutions vieillissantes. Ils peinent à saisir ce monde « autre » qui surgit sous nos pieds ; ils ont du mal à faire entrer les questions nouvelles, les peurs sociales et les dominations dans des grilles d'analyse que le temps a rendues obsolètes. Ils savent encore nous « divertir » (au sens que Pascal donnait à ce terme), mais ne répondent plus à l'attente des citoyens.

Dire que le temps a périmé les vieux discours est encore une commodité de langage. Ce n'est pas vraiment le « temps » qui les a usés, mais les mille et un séismes invisibles qui, depuis trente ans, ont métamorphosé notre pays, la vieille Europe et le monde. Le décalage entre les paroles venues d'en haut et la réalité d'en bas permet d'évaluer l'énormité du changement. Les acteurs sociaux et les médias institutionnels ont du mal à admettre que, dans un univers transformé, l'imprévu devient la règle. Et la menace. C'est le cas de la pandémie de Covid-19, mais aussi de la tragédie libanaise. D'autres révoltes peuvent surgir, des surprises politiques ou financières changer la donne en vingt-quatre heures, des jacqueries imprévues jeter à bas la table de jeu.

Quand le réel connaît pareille ébullition, chacun devrait tourner sept fois sa langue dans sa bouche avant de parler. Malheureusement, c'est tout le contraire qui se produit. À droite comme à gauche, les institutionnels de l'ancien monde s'accrochent. Ils se campent comme de vieux acteurs sur la scène du théâtre politique pour délivrer leur message. Ils semblent surtout pressés d'assener une « opinion », la plus tranchée possible. Or ces paroles à la fois hâtives et théâtrales, les « citoyens » ne les croient plus. Et ils ont raison.

C'est donc le moment de se tourner vers les poètes. On prête cette interrogation un peu agacée à André Malraux, ministre de la Culture du général de Gaulle. « Mais que disent les poètes ? » telle est la réponse qu'il fit un jour aux membres de son cabinet de ministre. Ses collaborateurs avaient rassemblé une solide documentation pour l'aider à préparer sa prochaine visite dans un pays étranger en crise. Rien ne manquait : économie, sources d'énergie, produit intérieur brut, situation politique. Aucun jeune énarque de son cabinet, en revanche, n'avait songé à s'enquérir de l'état d'esprit des poètes. Grave oubli ! Quand les ténèbres menacent une époque (ou un pays), quand les « importants » et les « savants » déçoivent, mieux vaut se tourner vers les poètes, ces « voyants », encore capables d'apercevoir et d'exprimer l'inexprimable.

C'est peu de dire qu'aujourd'hui la situation nous y incite. Le noir prévaut un peu partout sur la planète. Les technocrates de la finance – ceux qui ont parfois conduit le monde au bord du gouffre – reprennent la main. Les finances du monde sont gérées par des machines. Pour le reste, les affaires sordides et les corruptions, comme hier et avant-hier, n'en finissent pas de nous « livrer aux répugnances », pour reprendre une expression d'Arthur Rimbaud*.

Comme Malraux, il nous vient l'envie de congédier les faiseurs de statistiques ou de « théories », dont les piaillements nous cassent

* Dans « Les poètes de sept ans » : « Dans les yeux bleus et sous le front plein d'éminences / L'âme de son enfant livrée aux répugnances », etc.

les oreilles. Écouter les poètes ? Oh, oui ! toute affaire cessante. Bien mieux que les politiques, ils disent une espérance indomptable, rouvrent des fenêtres, redonnent vie au monde.

*
* *

Alors, entrons résolument dans la douceur !

C'est mon corps et mon cœur qui me le disent. Et depuis toujours. Si j'interroge mon passé, il me rappelle que les forts moments de douceur ont été laissés en chemin comme des balises. Ou, mieux encore, comme des pierres que l'on pose sur le lit d'un ruisseau et sur le chemin de la vie pour mieux les traverser. Tantôt chez nous en Charente, tantôt au bout du monde. Je les ai égrenées sur ma route et plus rarement dans mes livres. Une journée passée en Éthiopie, au milieu d'une assemblée de paysans fidèles à une hospitalité « à l'ancienne ». Les balades que je fais – chaque jour parfois – avec nos setters irlandais sur les sentiers de Charente. Eux aussi, vont et viennent et, à chaque retour vers moi, multiplient les marques d'un doux attachement. Une autre fois, ce fut à l'extrême nord de la Norvège, au Finnmark. À l'aplomb d'une petite route en corniche, à dix mètres de moi, jouaient deux ou trois cétacés globicéphales. Je n'arrivais pas à me détacher de cette inimaginable rencontre. À Paris, c'est avec une douceur amoureuse que Catherine me guide encore dans cette ville qu'elle connaît et sait aimer bien mieux que moi.

Je pourrais continuer encore et encore à évoquer ces dizaines de douceurs rencontrées par hasard. Leur souvenir s'est imprimé en moi. De ces instants privilégiés, je n'ai pourtant rien à dire, encore moins à « expliquer ». Je me souviens des odeurs, de silences, de la lumière qui les enveloppaient. Ils furent simplement vécus.

Et essentiels…

Table

Du même auteur

Chaban-Delmas ou l'art d'être heureux en politique
(*en collaboration avec Pierre Veilletet*)
Grasset, 1969

Les Jours terribles d'Israël
Le Seuil, coll. « L'Histoire immédiate », 1974

Les Confettis de l'Empire
Le Seuil, coll. « L'Histoire immédiate », 1976

Les Années orphelines
Le Seuil, coll. « Intervention », 1978

Un voyage vers l'Asie
Le Seuil, 1979
et « Point Actuels », n° 37

Un voyage en Océanie
Le Seuil, 1980
et « Points Actuels », n° 49

L'Ancienne Comédie
roman
Le Seuil, 1984
et « Points Roman », n° R479

Le Voyage à Kéren
roman
Arléa, 1988, prix Roger-Nimier
et « Arléa-Poche », 1996

L'Accent du pays
Le Seuil, 1990

Cabu en Amérique
(en collaboration avec Cabu et Laurent Joffrin)
Le Seuil, coll. « L'Histoire immédiate », 1990

Sauve qui peut à l'Est
(en collaboration avec Cabu)
Le Seuil, coll. « L'Histoire immédiate », 1991

Le Rendez-vous d'Irkoutsk
Arléa, 1991

La Colline des Anges
Retour au Vietnam
(en collaboration avec Raymond Depardon)
Le Seuil, 1993, prix de l'Astrolabe
et « Points Aventure », nº P1557

Sur la route des croisades
Arléa, 1993
et « Points », nº P84

La Trahison des Lumières
Enquête sur le désarroi contemporain
Le Seuil, 1995, prix Jean-Jacques-Rousseau
et « Points », n° P257

Écoutez voir !
Arléa, 1996

La Porte des Larmes
Retour vers l'Abyssinie
(en collaboration avec Raymond Depardon)
Le Seuil, 1996
et Points, n° P1997

La Tyrannie du plaisir
Le Seuil, 1998, prix Renaudot essai
et « Points », n° P668 ; « Points Essais », n° 588

La Traversée du monde
Arléa, 1998

La Refondation du monde
Le Seuil, 1999
et « Points », n° P795 ; « Points Essais », n° 589

L'Esprit du lieu
Arléa, 2000
et « Arléa-Poche », 2002

Le Principe d'humanité
Le Seuil, 2001, Grand Prix européen de l'essai
et « Points », n° P1027

Istanbul
(en collaboration avec Marc Riboud)
Imprimerie nationale, 2003

Le Goût de l'avenir
Le Seuil, 2003
et « Points Essais », n° 568

L'homme est-il en voie de disparition ?
Fides, 2004

La Force de conviction
À quoi pouvons-nous croire ?
Le Seuil, 2005, prix Siloë et prix Humanisme
de la Franc-maçonnerie française
et « Points Essais », n° 552

L'homme est-il encore humain ?
Racine, 2005

La psychanalyse peut-elle guérir ?
(en collaboration avec Armand Abecassis et Juan David Nasio, sous la direction d'Alain Houziaux)
Éditions de l'Atelier, 2005

La Mémoire, pour quoi faire ?
(en collaboration avec François Dosse et Alain Finkielkraut, sous la direction d'Alain Houziaux)
Éditions de l'Atelier, 2006

Comment je suis redevenu chrétien
Albin Michel, 2007, prix 2008 des libraires de La Procure

Le Commencement d'un monde
Le Seuil, 2008
et « Points Essais » n° 646

La Confusion des valeurs
Desclée de Brouwer, 2009

Sont-ils morts pour rien ?
Un demi-siècle d'assassinats politiques
(avec Jean Lacouture)
Le Seuil, 2010

La Vie vivante
Contre les nouveaux pudibonds
Les Arènes, 2011

Le Deuxième Déluge
Face aux médias
Desclée de Brouwer, 2011

Une autre vie est possible
Comment retrouver l'espérance
L'Iconoclaste, 2012
et « Pocket », 2013

Je n'ai plus peur
L'Iconoclaste, 2014
et « Points », 2015

Le Tourment de la guerre
L'Iconoclaste, 2016
Grand prix de la Société des gens de lettres

La Foi qui reste
L'Iconoclaste, 2017

Sauver la beauté du monde
L'Iconoclaste, 2019

ÉDITION : Sylvie Gracia
COUVERTURE : Quintin Leeds
RÉVISION : Jean-Luc Demizieux, Isabelle Paccalet et Marie Sanson
MISE EN PAGE : Soft Office
PHOTOGRAVURE : Les Artisans du Regard
FABRICATION : Lucie Le Bon
COMMERCIAL ET RELATIONS LIBRAIRES : Adèle Leproux
avec Marie Bréhin
PRESSE ET COMMUNICATION : Karine Vincent
et Manon Kauffmann

DIFFUSION : Élise Lacaze (direction), Katia Berry (grand Sud-Est),
François-Marie Bironneau (Nord et Est), Charlotte Jeunesse
(Paris et région parisienne), Christelle Guilleminot
(grand Sud-Ouest), Laure Sagot (grand Ouest), Diane Maretheu
(coordination), Charlotte Knibiehly (ventes directes)
et Camille Saunier (librairies spécialisées)

DISTRIBUTION : Interforum

DROITS FRANCE ET JURIDIQUE : Geoffroy Fauchier-Magnan
DROITS ÉTRANGERS : Sophie Langlais
ACCUEIL ET LIBRAIRIE : Laurence Zarra
ANIMATION : Sophie Quetteville
ENVOIS AUX JOURNALISTES ET LIBRAIRES : Vidal Ruiz Martinez
COMPTABILITÉ ET DROITS D'AUTEUR : Christelle Lemonnier,
Camille Breynaert et Christine Blaise
SERVICES GÉNÉRAUX : Isadora Monteiro Dos Reis

La bande a été imprimée par Déjà Link à Stains (Seine-Saint-Denis).

Achevé d'imprimer sur Roto-Page par l'Imprimerie Floch
à Mayenne (Mayenne) en novembre 2020.

ISBN : 978-2-37880-180-9
N° d'impression : 97247
Dépôt légal : janvier 2021

Imprimé en France

En France, un livre a le même prix partout.
C'est le « prix unique du livre » instauré par la loi de 1981
pour protéger le livre et la lecture. L'éditeur fixe librement ce prix
et l'imprime sur le livre. Tous les commerçants sont obligés
de le respecter. Que vous achetiez votre livre en librairie,
dans une grande surface ou en ligne, vous le payez donc au même prix.
Avec une carte de fidélité, vous pouvez bénéficier d'une réduction
allant jusqu'à 5 % applicable uniquement en magasin
(les commandes en ligne expédiées à domicile en sont exclues).
Si vous payez moins cher, c'est que le livre est d'occasion.